我爱看的

学生励志故事

二减一大于二

张　梅◎主编

上海世纪出版集团
中西書局

图书在版编目（CIP）数据

二减一大于二／张梅主编．— 上海：中西书局，2010.5（2016.5重印）

ISBN 978-7-5475-0074-3

Ⅰ．二… Ⅱ．张… Ⅲ．儿童文学－故事－作品集－世界 Ⅳ．I18

中国版本图书馆CIP数据核字（2010）第050367号

二减一大于二

张　梅　主编

项目负责	陈闵梁　李　梅
责任编辑	李　梅
封面设计	梁业礼
出　　版	上海世纪出版集团 中西書局（www.zxpress.com.cn）
地　　址	上海市打浦路443号荣科大厦17F（200023）
发　　行	上海世纪出版股份有限公司发行中心
经　　销	各地新华书店
印　　刷	北京高岭印刷有限公司
开　　本	700×1000毫米　1/16
印　　张	13
字　　数	140000
版　　次	2010年5月第1版　2016年5月第5次印刷
书　　号	ISBN 978-7-5475-0074-3/I·014
定　　价	32.00元

荣誉证书

上海世界书局：

你社出版的《小学生哲理故事晚读本》（5册）、《小学生励志故事晨读本》（5册）荣获2010年冰心儿童图书奖。

冰心奖评委会

2010年11月

荣誉证书

上海世界书局：

你社出版的《中学生哲理故事晚读本》（5册）、《中学生励志故事晨读本》（5册）荣获2010年冰心儿童图书奖。

冰心奖评委会

2010年11月

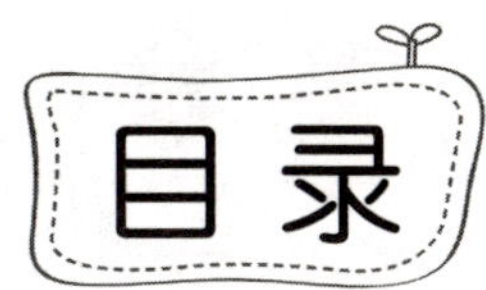

目录

02

沙漠花园里的秘密

一无是处的长处

世上没有白吃的苦

赚千年以前的钱

好未来是预测出来的

丢不掉的巨额财富

野草中发现金子

经过研究发现，这种叫奥迪亚的野草里面，含有一种神奇的抗饥饿分子，这种分子正是全球科学家们寻找了几十年的治疗肥胖症药物的理想原料。

简单的智慧

韩冬　文

第二次世界大战期间，一艘美国驱逐舰停泊在某国的港湾里。那天晚上明月高照，万里无云，一片宁静。

一名士兵对全舰进行例行巡视。他走着走着，突然停止不前了——因为他看到一个乌黑的大东西在前面不远处的水面上浮动着。他认真地观察了一会儿，才惊骇地发现，那是一枚可能是从某个雷区脱离出来的触发水雷，正随着退潮慢慢向驱逐舰漂来。看到这一情景，那名士兵吓出了一身冷汗，他赶忙抓起舰内通讯电话机，通知了值日官。听到这个消息，值日官马上快步跑来。他们又很快通知了舰长，并且发出了全舰戒备信号，全舰立刻动员起来。

官兵们都惊愕地注视着那枚逐渐靠近的水雷，大家都知道，灾难即将来临。全舰军官迅速研究对策，设法避开危险。他们提出了各种办法：赶快起锚走吗？不行，因为没有足够的时间。发动引擎使水雷漂离开？也不行，因为螺旋桨转动只会使水雷更快地漂近舰身。用枪炮引爆水雷？更不行，因为那枚水雷太接近舰内的弹药库。放下一只小艇，用一根长竿把水雷顶走？这种方法也不可行，因为那是一枚触发水雷，同时也没有时间去弄掉水雷的雷管。眼看水雷越漂越近、一触即发，悲剧似乎没有办法避免了，众人束手无策，到底该怎么办呢？

突然，一个名叫弗雷泽的士兵大声喊道："把消防水管拿来。"就这一声喊，仿佛醍醐灌顶，让每个人的眼睛突然一亮。大家明白这个办法确实有道理，而且简单可行。他们随即迅速拿来水管，向舰艇和水雷之间的海上喷水，制造出一条水流，把水雷带向远方，然后用舰炮引爆了它。

一场看似不可避免的灾难转瞬间消失在无形之中，用的方法却异常简单，又有些出人意料。其实，我们细细想一想，却又在情理之中。在生活中，很多问题都被我们复杂化了，我们总习惯于所谓的"透过现象看本质"，往深处远处去思考。可是大多数的情况是，那些事情看起来复杂，解决的方法却非常简单；那些复杂只不过是迷惑我们的假象，只要我们的思维稍微转个弯，问题就可能迎刃而解。

留下一路鲜花

苇笛 文

从村庄到邮局是一条极其荒凉的小路，除了飞扬的尘土，路旁几乎一无所有。邮差每天都要经过那条路，将邮局里的邮件取出来，然后送到村民们的手里。

日日走在尘土飞扬的路上，邮差的心里充满了遗憾。

有一天，邮差送信时正好路过一家花店，他便走进去，买了一些野花的种子。接下来的日子里，邮差就带着种子上路。一路走，一路将种子撒在道路两边。

几场雨水之后，路边开始有新芽萌出；不久，就有鲜花绽放，红的、黄的、白的、紫的……五彩缤纷的鲜花，美不胜收。对村民们来说，那一路的鲜花比邮差送来的任何一封邮件都更令他们开心。

许多年过去了，邮差离开了人间，但他种下的鲜花，却一年比一年茂盛。每每走在那条开满鲜花的道路上，村民们总会谈起，当年，是邮差撒下的花种……

邮差走了，可他种的鲜花却留了下来，留在了道路两边，留在了村民们的心里。

在这个世界上，每个人都是过客，都有告别人间的那一天；当一个人的身体离开这个世界后，他还有什么可以留在人间呢？权力吗？秦皇汉武权可遮天，可本属于他们的玉玺却一再易主；财富吗？石崇王恺富可敌国，可属于他们的黄金白银早已不知所终；宫殿吗？当年的阿房宫，“覆压三百余里”，却被一场大火化为焦土……

邮差种下的鲜花年年盛开，随风送出馥郁的芬芳；那芬芳里，有绵绵不绝的爱、温暖与善良……

世界上没有一颗完美的石子

牟丕志 文

大象通过竞聘当上了动物世界的宰相。大象工作兢兢业业、恪尽职守，取得了不小的成绩；但是，许多动物对大象却说三道四，指责大象的种种不是和缺点。有的说大象长得丑陋，有的说大象饭量过大，有的说大象性格太内向，有的说大象行动很笨拙，等等。

山神说：“如果你们谁能找到一颗完美的石子，我就让你代替大象的位置。”

大家一听，觉得这个条件并不难达到。因为，石子堆积如山，它实在太丰富了，要找到一颗完美的石子费不了多大的力气。于是，大家纷纷去寻找世界上最完美的石子。

老鼠筛选了成千上万颗石子，终于找到了一块绝佳的玉石。它洁白如雪，晶莹剔透，实在太漂亮了。老鼠从来没有见过如此美丽的石子，想挑出这块石子的毛病简直太难了。老鼠心想，也许这块石子就是天下最完美的石子。于是，它拿着石子去找山神。山神拿着石子对老鼠说："这块石子的确十分罕见，可是，它并不完美。"说着，它指着那块石子的中间，让老鼠仔细瞧瞧。老鼠一看，很吃惊：天哪，那块石子中间有一个小小的黑点。那个小黑点成为石子的美中不足。老鼠一下子泄了气。要知道，这颗石子是老鼠费尽心血才选出来的。

穿山甲历尽千辛万苦找到了一颗蓝色的石子。那是一块蓝宝石。蓝宝石发出淡淡的光芒，显得十分高贵。蓝宝石是圆形的，像圆圆的月亮，堪称美妙绝伦。穿山甲兴致勃勃地拿着蓝宝石去见山神。山神拿着蓝宝石仔细地观赏，赞叹不已。但是，它还是指出了这颗石子的不完美之处：它的圆边缺少了一点点，成为一轮残月。穿山甲一看，确实如山神所说。这是它用了一年多时间才找到的呀！

乌龟用它那顽强的耐力，找到了一颗十分别致的鹅卵石。那颗鹅卵石上有蓝天一样的图案，十分美丽。乌龟将那颗鹅卵石交给了山神。山神说："这颗鹅卵石的确是一颗不同凡响的石子，可是，它并不完美。你瞧，这蓝天好看不假，可是，蓝天上却没有飞鸟、没有白云，你认为没有飞鸟、没有白云的蓝天是完美的吗？既然这个图案不是完美的，那么这颗石子就存在欠缺。"乌龟仔细地看看那颗石子，觉得山神说得对。为了寻找这颗石子，乌龟走遍了一百多条河呀！

还有许多动物交来它们寻到的石子，都一一被山神指出是存在残缺的。最后大家都明白这样一个事实：世界上没有一颗完美的石子。

一样的渺小

张小失 文

画家早年颠沛流离，吃尽了人世间的苦头。中年以后，他开始发达了——作品受到社会的广泛赞誉，声名鹊起。如今，他的任何一幅作品，只要拿到市场上，都会引起富人们的竞价争购。可是，画家并不像别人想象的那么幸福与快乐，他曾经对弟子们说过这样一句意味深长的话——

当我变得高大的时候，我发现，这个世界实在太渺小了。

通过弟子们传诵，此语已被世人奉为一句关于奋斗与成功的格言。其实，画家已经陷入深深的孤独。在这个世界上，他除了作画，没有任何追求，而作画本身又不能给他以突破的喜悦；他感觉自己被困在一个牢固的茧里，高高悬挂在人们只能够仰望的地方，上不着天，下不着地……

一天，画家偶然得知100千米外的山上有一位老禅师，道行极高，心中顿生仰慕，决定去拜访。为示诚意，画家没有开自家的高级轿车，而是带弟子们步行前往。

那是一个山清水秀的地方，没有奇峰峻岭，在山脚连绵的水田里，有农夫和牛耕作的身影。到了山脚下，大家远远地看见山头有一个农夫，正躬身锄地。在蓝灰色天幕的映衬下，农夫的身影像一块人形的墨迹，蠕动着。越走越近，画家看清，是一位老农在清理自己的小菜地。画家汗流浃背地驻足四顾，寻找山下人说的那座小庙宇。弟子们也在一旁帮着搜寻，可是，附近并无庙宇。

锄地的老者停止劳作，看着他们，目光淡定。画家问道："老人家，知道某某禅师住在哪里吗？"老者说："我就是。"画家大喜："有眼不识泰山。刚才我在下面就看见您了，可惜显得太渺小了。"老者淡淡地答道："你们在山脚时我就看见了，也是一样的渺小。"

场面忽然有些凝固。画家的弟子们颇为不满，觉得这禅师身怀傲气，且有争斗之心，不像那么回事儿。但画家却没有生气，在那里愣神片刻，两手一拍，道："回家！"

后来，画家又说过一句格言，被弟子们传诵出来——

当我变得高大的时候，我发现，这个世界也越发高大了。

野草中发现金子

感动 文

布须曼人是南非的少数民族，过着封闭的生活。他们是捕猎高手，能通过观察动物留在地上的痕迹，判断是什么动物及其性别、年龄、伤否等。由于猎物愈来愈少，他们不能再靠打猎过日子，于是布须曼人像被上帝遗弃的孤儿。他们几乎都是文盲，没有工作，只能靠卖鸵鸟蛋挣钱。

南非某科研机构一个叫哈里的年轻人在这里考察时，看到了布须曼人的贫穷生活，决心拯救这些世界上最穷苦的人。

在与布须曼人共同生活的一段时间里，哈里发现，尽管他们没有粮食，却也没有人被饿死。因为贫穷的布须曼人，常吃一种沙漠中生长的野草来果腹。

这种野草是一种多汁的仙人掌科植物，味甘苦，布须曼人称之奥迪亚。在广袤的红色沙漠上，到处生长着一簇簇的奥迪亚。布须曼人在沙漠上走得饿了，就随手揪一片奥迪亚叶子放进嘴里咀嚼，空空的肚子就饱了。

正是这种令布须曼人果腹的野草，引起了哈里的关注。他觉得这种能维系布须曼民族生存的野草，不是一般的野草。哈里采了几片叶子，带回了开普敦。经过研究发现，这种叫奥迪亚的野草里面，含有一种神奇的抗饥饿分子，这种分子正是全球科学家们寻找了几十年的治疗肥胖症药物的理想原料。

当哈里把这一发现公布出去后，英国和美国的一些医药公司纷纷来到南非，与布须曼人签订收购这种野草的合同。

现在，从前赖以度过饥荒的野草，成为比金子还昂贵的抢手药材，布须曼人也因此每年约有 640 万欧元的收入。布须曼人没有想到的是，在祖祖辈辈生活的地方，一种看似普通的野草改变了他们的命运。

我们有时也同布须曼人一样，对身边珍贵的东西熟视无睹。千万不要对身边平凡的一切满不在乎，那里可能蕴藏着巨大的财富。

勤奋与思考

蒋光宇 文

有个年轻的伐木工人，在一家木材厂找到了工作，工作条件不错，报酬也不低。老板给他一把利斧，并给他划定了伐木范围。他很珍惜，下决心要好好干。

第一天，他砍了 18 棵树。老板高兴地说："不错，就这么干！"这个工人很受鼓舞。

第二天，他干得更加起劲，但是只砍了 15 棵树。

第三天，他加倍努力，可是仅砍了 10 棵树。

这个工人觉得很惭愧，跑到老板那儿道歉，说自己不知道怎么了，好像力气越来越小了。

老板问他："你上一次磨斧子是什么时候？"

"磨斧子？"年轻人悔悟地说，"我天天忙着砍树，竟忘记了抽出时间磨斧子！"

有一天深夜，著名的现代原子物理学的奠基者卢瑟福教授走进自己的实验室，看见了一个研究生仍勤奋地在实验台前忙碌着。

卢瑟福关心地问道："这么晚了，你在做什么？"研究生回答："我在工作。"

"那你白天做什么了？"

"也在工作。"

"那么，你一整天都在工作吗？"

"是的，导师。"研究生带着谦恭的表情说道，似乎还期待着卢瑟福的赞许。

卢瑟福稍稍想了一下，然后说："你很勤奋，整天都在工作，这自然是很难得的，可我不能不问你，你用什么时间来思考呢？"

卢瑟福对勤奋的质疑，使研究生明白了要用足够的时间来思考的重要。

有位记者曾问比尔·盖茨："你成为当今全球首富，个人资产高达数百亿美元，成功的主要经验是什么？"

比尔·盖茨十分明确地回答说："一是勤奋工作，二是刻苦思考。"

每个人都有两张照片

沈湘 编译

马戏团团长克莱特，一连好几天都在为一群猴子烦恼不已。原因是这样的：这些猴子是刚从山上捕获的，由于野性难改，不好驯服，已有好几个驯兽师被它们气坏了。驯兽师纷纷抱怨，这些野猴子实在太难对付了，不如放弃对它们的驯服吧。驯兽师还举实例来说明，他们说的都是实话。

他们曾经用了许多方法来驯服这些野猴子。比如，给它们吃东西，可是它们光吃不干活。如果要它们学骑自行车，或者做些简单的倒立、爬竹竿等动作，再或者就是对着观众们乐一乐也行啊，可是它们一见驯兽师的面便躲得远远的。后来驯兽师只得将它们和家猴关在一起，希望家猴能够和它们沟通，引导它们学习表演。可是，那些野猴子竟然将家猴打得遍体鳞伤，家猴们也不敢跟它们待在一起。

就在克莱特决定听从驯兽师们的建议，放弃对这些野猴的驯服工作时，他突然觉得还是亲自去看一看再下决定的好。经过一段时间的观察后，克莱特竟然有了一个惊人的发现。为了测试出这个发现是否正确，他召集了所有驯兽师来到现场见证。克莱特首先让人将所有驯兽师的仿真照拿出来，仿真照跟真人差不多高，每人都有两张照片，一张面带怒色，一张笑容满面。这些仿真照一拿出来，便在驯兽师中引起了一阵骚动。但是为了看清团长克莱特的真正意图，他们没有吭声，而是静静地站在一边观望。

克莱特首先将驯兽师们那些面带怒色的照片，一张张地拿去跟猴子们见面。结果猴子们一个个吓得连滚带爬地逃走了，有的还试图用爪子去撕碎那张照片。然后，克莱特将驯兽师们那些笑容满面的照片，一张张地拿去跟猴子们见面。结果奇迹出现了，只见那些平时野性难改的猴子，竟然安静了下来，并且还冲那张照片笑了笑，尽管猴子们笑得很难看，但那滑稽的样子还是将在场的所有人都逗乐了。

最后，克莱特团长转向满腹狐疑的驯兽师们，慢慢地说："你们现在都看到了吧，猴子们需要的是你们真诚的笑脸，而不是你们的满脸怒色。也许你们不明白，我是怎样弄到这些照片的。这些照片是我暗中让人拍下来的，那些满脸怒色的照片是你们在驯猴子时的模样，而那些满面笑容的照片，则是你们从我这里领取薪水时的模样。现在的问题已经十分明确了，如果你怀着领薪水时的心情去工作的话，工作起来就没那么困难了。"

生活中，其实我们每个人都有这样两张照片，当获益时，就满面笑容；当需要自己付出时，便满脸怒色。如果我们以获益时的笑脸去面对事业并付出努力，那么我们将会收获更多的笑容。

礼貌是一种善行

张翔 文

1759年5月28日，英国海特肯耶斯的天空阳光温暖，一个男孩诞生了，当他的第一声啼哭划破周遭宁静的时候，他那身为国务大臣的父亲放声大笑，热泪盈眶。父亲极喜欢这个儿子，于是给他取了一个与自己一样的名字——威廉·皮特。

皮特从小天赋极高，10岁学会了拉丁语和希腊语，14岁那年，就进入剑桥大学学习。高贵的出身和惊人的成长历程足以让皮特骄傲甚至自大，然而父亲却细心地教他礼数，要他学会真正的谦卑和礼节。

1781年，21岁的皮特涉政，他以锐利的思想、雄辩的口才和一种与年龄不符的成熟与知礼很快获得了大家的认可。三年后，这个彬彬有礼的年轻人获得了国王的欣赏和人民的爱戴，以24岁的年龄成为了英国历史上最年轻的首相。直到今天，唐宁街10号的历届首相的画像中，他的画像依然散发着青春的气息。

皮特为人正直，勤于政务，力图将当时并不发达的岛国发展强大。然而，他的仕途却并不平坦，他曾因与国王在国教问题上的争议而辞职。但是，在英国人民的爱戴和拥护之下，他又在“英国需要一位绅士”的呼声中重新登上了首相的宝座。

1776 年，经济学巨匠亚当 · 斯密出版了《国富论》，这本一出版即震惊了整个欧洲的书，以“自利原则”为核心思想第一次全面论述了经济学规则。就好像艾萨克·牛顿发表了“三大定律”之后让人们认识了世界一样，这本书让人们第一次认识了“经济学”。人们的视野豁然开朗，兴奋不已。后来，亚当 · 斯密被尊称为了“现代经济学之父”。

两年后，这位“现代经济学之父”开始拥有了一个小小的行政职务——爱丁堡海关专员。在 1785 年的一天，海关专员亚当 · 斯密去一位公爵家做客。那天，公爵的家里来了很多政要、贵族和富豪，首相皮特也出现在那里。当亚当 · 斯密来到公爵的客厅时，所有的人都纷纷起立，向这位经济学家致礼。这位经常因害羞而口吃的经济学家显然受宠若惊，他极为不好意思地说：“先生们，请坐！”这时，已经迎面走来的皮特很礼貌地说：“博士先生，您不坐，我们是不会坐下的，哪里有学生不给老师让座的呢？”

这句话顿时赢来了大家的掌声，一位权力至高的英国首相居然给一位海关专员让座，一位把握国家经济命脉的裁决者以一个学生的身份给一位学者让座，这是怎样的风度啊！羞涩的亚当 · 斯密终于坐下了，人们的掌声却依然没有停止，直到皮特也坐下，人们的掌声才停下。

从那以后，英国政要纷纷仿效皮特，都开始以当“斯密的弟子”为荣。就连议会进行辩论时，议员们都不由地引述《国富论》的经典词句，谁一引述其中的词句，反对者大多都不再

反驳了。而更重要的是，从皮特的让座开始，整个英国也掀起了尊重知识的风潮，先进的文化在小小的英吉利海峡的上空慢慢凝聚，引领着这个国家逐渐走向富强。

1806 年 1 月 23 日，伦敦的天空迷雾沉沉，皮特因为国事操劳而英年早逝，47 岁便离开了人世。由于过于忙碌，他甚至来不及结婚，没有留下自己的后代，但是却留下了一句在英国广为传诵的名言——礼节礼貌是琐事中的善行！

成全别人，成就自己

北原 文

他演了 10 年的戏，却始终默默无闻。直到有一天，他遇上了一个同样郁郁不得志的小演员，他们开始搭配演戏，没想到，他们的幽默表演竟然得到观众的认可，越来越走红。数年后，他的搭档周星驰变成了人们敬仰的“星爷”；而他，却始终站在配角的位置上，甘为他人做嫁衣。

在周星驰的电影中，我们经常可以看见他的身影——扮猪，扮老爸，扮印度阿三，扮江南才子，扮老师，扮暴牙，扮乞丐……还有《大话西游》里那个面目丑陋、形容猥琐的“二当家”。不管在哪部电影里，他都可以时而骄横跋扈，时而窝囊透顶，时而真情流露，时而疯疯癫癫，绝妙地衬托了星爷的“高贵”或者“卑贱”。

尽管演了那么多配角，但他却从来都没有觉得自己不重要。每次演戏，他都认真对待，尽职尽责，甚至在别人睡觉的时候，他还在研究剧本、背台词、做动作，直到烂熟于心，自己满意

为止。他的敬业精神，在行内有口皆碑。

在一次采访中，他说："一部电影 90 分钟，给配角的戏不会超过 20 分钟。刚出道时，我也是个抢戏王，后来明白做人比演戏更重要，开始配合人家。就像川菜一样，之所以每一道菜都那么好吃，就因为里面都放了辣椒，而我，就是那些用来调味的辣椒。我敢说，我是最好的辣椒！"

他，就是吴孟达，全香港片酬最高的男配角，在娱乐圈被尊称为"达叔"，也是电影史上为数不多的靠出演配角而走红的明星。

俗话说，红花需要绿叶来衬托。从某种程度来讲，没有吴孟达，也就不会有今天风风光光的周星驰。而毋庸置疑，吴孟达在成全别人的同时，也成就了自己"金牌绿叶"的地位和美名。

不光是电影里，生活和工作中，也经常会有主角和配角之分。如果成了配角，你能否做到像吴孟达那样心甘情愿地成全别人、竭尽全力地做好自己？事实上，这不仅仅体现着一个人做人的人品，影响着他的人际关系，更决定了他在事业上的发展前途。因为，只有懂得谦让的人，才能获得更大的空间；只有善于协作的人，才能发挥更大的价值，获得最终的成功。

成全别人，就是成就自己。

一份特别的礼物

崔修建 文

得知我春节要回乡下老家过年，在省城打工的老乡大军，委托我给他捎点儿东西。我痛快地答应了。

没想到，他那天送到车站要我带回去的，竟没有一样稀罕的东西，都是在乡下很容易买到的：一袋袋的速冻饺子、汤圆、豆包，还有几袋酱油、味精、洗衣粉，装了满满一大纸箱。

“怎么往家带这些东西？还不如捎点儿钱呢。”我一脸的困惑不解。要知道从省城到老家，要坐上千里的火车，还要换乘长途汽车在崎岖的山路上颠簸四个多小时呢！为此，我每次回家都带极少的东西，常常是塞点儿钱给父母，要他们随便买点儿自己喜欢的东西。

大军见我自己轻装简行，有些不好意思地告诉我：“这半年我没挣到多少钱。最近才好不容易找到一份工作，春节就不回去了。你把这些东西给我妈带上，就说这些东西都是我单位分的，吃用不完的。”

没办法，我只得一路小心地呵护着大军并不珍贵的新年礼物，生怕它们化冻了、挤坏了、碰碎了，一路上在心里不停地埋怨大军害我受累。

一下车，我就扛着纸箱直奔大军家。大军母亲高兴地打开纸箱，把那些东西摆了一炕。她边摆边兴奋地告诉我："大军好几次写信回来，说他找了一个好单位，什么东西都分，吃都吃不了，让我们别惦记着他。起初我还不大相信呢，以为他怕我挂念他，看到他拿来的这些东西，我就放心啦。"

看到老人家满脸的喜悦，我的心倏然一动——真是难为大军的一番孝心了。

随后的几天里，在大军母亲慷慨的分赠和充满自豪的讲述中，我看到了左邻右舍那羡慕的目光，看到了大军母亲那无法形容的幸福。

我要回省城上班了，老人家依然满怀欣喜地让我转告大军：其实家里什么都不缺，要他好好工作，别对不住单位对他那么细心的关照。

归途上，我的眼前一再浮现出那一纸箱东西，浮现出大军母亲脸上整天挂着的灿烂笑容，心中不禁一颤。除夕，我塞给母亲 2000 元钱，母亲也只是淡淡一笑，其带来的快乐，远远不如大军那些不值钱的东西。是的，钱和东西都不重要，重要的是真诚的爱与爱的巧妙表达。即使最简单的爱，因为慧心的选择，也会诞生许多难以形容的幸福啊！

理想的循环

李浅予 文

18 世纪后半叶，瓦特发明了蒸汽机，这是一个具有划时代意义的发明。不过，由于它的效率极低，需要配有体积庞大的锅炉，且锅炉随时有爆炸的危险，因此人们强烈地希望能有一种高效率、体积小且安全可靠的机器来取代它。

19 世纪 50 年代中期，不少有识之士都开始投身于此项研究。其中最具代表性的人物，当属法国工程师莱诺尔和罗夏，此外还有一位默默无闻的研究者，他就是德国的奥托。

与上述两位工程师相比，时年 22 岁的奥托可以说是最没有资格从事这项研究的人。他出身于德国一个贫困的钟表匠家庭，少年时即辍学到德国科隆一家小店做学徒工。

研究结果很快出来了：1860 年，莱诺尔首先制造出了一台以煤气为燃料的内燃机。这种新型内燃机不仅造型小巧，而且比老式的蒸汽机安全得多，只是它产生的热效率并不高。

接下来，罗夏于 1862 年提出了内燃机的动力应采取四冲

程方式。这是一个极富创意的设想，不过，遗憾的是，不知出于什么样的原因，罗夏却迟迟没有制造出样机。

几乎同时，奥托也提出了四冲程循环设想。

和罗夏不同的是，奥托的设想从一开始就以实际运用为目的，因此在完成初步设计不久，就制造出了世界上第一台四冲程循环内燃机。“奥托循环”因其高效实用，被当时的人们誉为“理想的循环”。

一个小工匠竟打败了两位大工程师，这让年轻的奥托名声大振。不过奥托并没有被成功冲昏头脑。他立即拿出销售内燃机样机的收入，添置了新型实验设备，继续投入研究工作。

1875 年，奥托终于完成了四冲程内燃机的全套设计工作。他的努力再一次为他赢得了无数荣誉，包括他最为看重的柏林大学授予的荣誉工程学博士学位。此后，奥托仍没有放弃对四冲程内燃机的研究、改进工作，直到 1891 年于德国科隆病逝。

只有在成功面前保持清醒的头脑，才能让理想无限循环，抵达成功的顶峰。

另起一段的智慧

次年3月，斯文·赫定再次来到塔克拉玛干沙漠。在奥尔得克的指引下，他发现了一座佛塔和三间坍塌的建筑，这就是闻名世界的古楼兰王国的遗址。

一瓶水的助力

感动 文

库布其沙漠是中国的第七大沙漠，由于沙化严重，寸草不生，这里曾被称为“死亡之海”。每年春、冬两季气候干燥之时，这里都会有大量沙尘随风而起，形成沙尘暴，弥漫在中国的北方。

为了制服这片沙漠，人们开始在低洼的沙谷中栽种耐旱的胡杨、沙棘、沙柳……但是，在这干旱少雨的沙漠里，那些最坚强的树苗也无法生存，年年植树年年枯，人们付出了无数努力，却从没有栽活过一棵树。

失败并没有使人类向沙漠屈服，为了把沙漠变成绿洲，生活在沙漠边缘的人们做着各种各样的尝试。最终，“插绿赏花”给他们带来了种树的灵感。在乡下的春天里，人们总喜欢在野外折一枝含着花苞的树枝带回家，插在水瓶里。这种泡在水瓶中的花枝能坚持一个多月而不枯。这样，人们坐在家里就能观赏到花开花谢的过程，但瓶里的水却消耗极少。于是，人们就像插花枝一样，把树苗们分别插进一个个装满水的瓶子，然后，将瓶子埋在沙土里，结果获得了成功——树苗都成活了。瓶水植树法，让沙漠里第一次出现了绿色的生命。对于广袤干旱的沙漠，一瓶水几乎是可以忽略不计，但它滋润了一棵树苗，使其有长成参天大树的可能，这听起来像是天方夜谭。但这一瓶水的确创造了一个生命奇迹。

植物学家通过试验发现，插在水瓶中树苗生长一个月，对瓶水的消耗也是很少的，一瓶水至少可以维持一棵树苗半年的用水量。正是这一瓶水，让绝境中的树苗有了赖以生存的源泉。只要坚持几个月，小树苗便会长出新的根须；而当瓶水干涸时，瓶子里的那条树根早已成为侧根，小树的主根已经深深扎入沙漠深处，汲取到地下的水源了。这样，一棵树即宣告种植成功。

就是这微不足道的瓶水，制服了桀骜不驯的沙丘，扩展着沙漠中的绿色。各种乔木、灌木竞相生长，一些野生动物相继在这里垒穴筑巢，昔日的“死亡之海”在今天一片生机盎然。

胡杨、沙棘、沙柳，这些树木都可称得上世界上最坚强的植物，但是它们也需要一瓶水的助力才可以战胜荒漠，走出困境，生长为一片生命的绿阴。

而我们人类自身呢，每个人在成长过程中，都不乏坚强与耐力，但是当我们身处于巨大的困境中时，单靠自己的力量去谋求成功只会是一种徒劳与奢望。我们中间的某些人能历经艰难后成功，并不是因为他们本身具有战胜一切的超凡力量，而是在于他们善于借助外在的助力！

另起一段的智慧

赵功强 文

斯文·赫定是瑞典著名的探险家，在那个国度他和诺贝尔齐名。

1899 年，斯文·赫定到中国的塔克拉玛干沙漠探险。他的驼队在沙漠上艰苦跋涉了数日，可是一无所获，当务之急是补充淡水。

在一个低洼处，斯文·赫定发现了隐藏着水源的迹象。大家挖坑的时候才意识到，带来的铁锹遗忘在上一个休整地点。斯文·赫定派了当地一名经验丰富的向导奥尔得克沿途返回去拿铁锹。奥尔得克次日凌晨返回，他不仅找到了铁锹，还带回了一大块木雕。他告诉斯文·赫定，这是他在返回途中一个岔道边捡到的，那里还有很多。

斯文·赫定发现木雕上面的图案异常精美，他断定木雕散落的地方大有来历。随行的人都叫嚷着奥尔得克赶紧带领大家赶过去，可是，斯文·赫定阻止了他们。补充了足够的清水之后，斯文·赫定带着驼队无功而返，走出了沙漠。

次年3月，斯文·赫定再次来到塔克拉玛干沙漠。在奥尔得克的指引下，他发现了一座佛塔和三间坍塌的建筑，这就是闻名世界的古楼兰王国的遗址。

回到瑞典，一位公爵问斯文·赫定：“阁下既然上一次就已经发现了古楼兰王国遗址的蛛丝马迹，为什么要往后拖了一年才行动呢？”

斯文·赫定的回答是：“如果把成功比作一篇妙文，它应当包括开头部分、主体部分以及结尾。今天的宴会是我这篇妙文的结尾，发现的过程是主体，无功而返的那一次，算是开头了。当时人困马乏，物资紧缺，再贸然前进，势必会遭遇危险。既然文章的开头已经写好，何不待时机成熟后另起一段，续写文章的主体部分？”

每一个成功都有自身起承转合的衔接规律，当每一个环节都做得够好的时候，成功的结果自然会水到渠成。

有些小草比花还重要

崔修建　文

一天，在省植物研究所工作的一位朋友来家中，见我屋前的小院里有一方空地，觉得闲置了可惜，便送我一包西洋花籽，让我建一个小花圃，既可以赏花，还可陶冶性情。

松土、施肥、撒种、浇水……我开始精心侍弄起那小块花圃，从花苗萌芽起，我就把它的领地收拾得干干净净，花苗间的小草一株也不放过，刚一冒头便坚决拔掉。两个月的工夫，花苗便长了半米多高，我心里开始盘算起它们开花的日子。

可是，又过了一段日子，那花苗就像是打了激素似的，仍然只是一股劲地疯长着枝叶。长得都快有一米高了，还只是稀稀拉拉出现少许的花蕾，迟迟不肯开花。

我急忙向朋友求教，朋友来到小院一看，笑了："都怪你太勤快了，我忘记告诉你了——不要把这花圃弄得太干净了，应该在花间留一些原生的小草。"

"为什么要留一些小草？"我一脸的困惑。

“花圃里若是不留一些小草，你就看不到更多的花了。”朋友帮我剪去一些枝叶。

“那是为什么呢？花圃里还要留草？”我更加迷惑不解了。

朋友解释道：“这种花特别贪长，即使很贫瘠的土壤，也能长得很好。如果没有一些自然生长的生命力顽强的小草跟它们争夺养料和水分，它们就会不断地疯长枝叶，却开不出多少花来；如果有了一些小草，它们就能恰到好处地生长，花开得多，开得艳。”

哦，原来是这样啊，我不由得再次打量起那过度呵护的花苗。蓦然，我的心底涌入一股清爽的风——哦，有些看似可有可无的小草，还有着某些花不曾具备的作用呢，甚至比花还重要呢……

后来，我又特意在花圃间移植了一些小草。果然，如朋友所言，花苗不再疯长，而是开始绽放艳丽的花朵……

第二年，我汲取了教训，不再轻易地除掉那些花间的小草。结果，花苗虽然只长了半米高左右，但花开得早、开得多、开得持久。一些不会养花的朋友见我的花圃里有那么多的草，便说：若是再勤快一些，把草除一除，或许花开得会更好……

“你们说错了，那些小草比花还重要呢，没有它们，就看不到这么多漂亮的花了。”我把养花的经历告诉了心存疑惑的朋友们。

在生活中，我们的目光经常更多地投向了花朵，却忽略了花朵旁边的那些至关重要的小草。殊不知，正是那些小草的默默辅助，才有眼前这些绚丽芬芳的花朵。

一篮面包换来的金币

庞启帆 编译

看着窗外，肖恩叹了一口气。

在肖恩的面包店外，迈克尔·奥·唐奈尼因为富有正被一群崇拜者簇拥着。

肖恩羡慕地看着这一切。“我希望我也能像他这样牵着一群人的鼻子。”他对他的妻子贝基说道。

“是财富使他这么受追捧。”贝基提醒他，“真正的朋友既不买也不卖。”但肖恩听不进去。他反而觉得妻子的话刺痛了他的自尊心。

“好啦，”贝基安慰他，“拿这篮面包到村庄里去叫卖吧。”肖恩不情愿地提着一篮子面包走出面包店。但他还没走多远，倒霉事就来了。他被路边的一个树墩绊倒，篮子掉在了地上。肖恩就地而坐，感叹生活对他是如此的不公平。如果不是听到咀嚼食物的声音，他也许要哀叹一阵子。

肖恩低头一看，不禁吓了一跳。满满一篮子的面包都不见了，在篮子的边沿，坐着一个小精灵。他手里拿着一块面包正往嘴里塞，显然，面包都是被他吃了。

“该死，”肖恩吼道，“你这个小偷，居然在我的鼻子底下偷吃我的面包。”

小精灵拍掉身上的面包屑，说道：“你看起来很沮丧，能把你的麻烦告诉我吗？”

也许小精灵能帮我，肖恩想。于是，他把他的苦恼一股脑儿倒了出来。

“那么，”小精灵说道，“你要寻找的是财富和名望，对吗？你想人们像蜜蜂跟着花蜜、苍蝇跟着腐烂的水果一样成群地跟着你，对吗？”这个比喻虽然不是很恰当，但肖恩还是点了点头。

“我就让你如愿以偿。”说完，小精灵就消失了，连一个脚印也没留下。

肖恩将信将疑地往回走。刚进入街口，他就听到人们大声呼喊他的名字。他不禁非常惊讶。

人们冲到他身边，把他抬回了他的面包店。

“肖恩！”贝基哭着说道，“你看是什么掉进了烟囱！”她举起一个沾满煤灰的袋子。

肖恩往袋里一看，双眼霎时瞪得像鸡蛋那么大。“金币！”他想起了小精灵。一篮面包的小代价就换来了他梦寐以求的财富和名望。实际上，这比他梦想的还要多。但他不敢用一个子儿，因为他知道如果金币没有了，他的名望也会随着消失。

肖恩兴高采烈地跟众人聊天，他比迈克尔·奥·唐奈尼更受到众人的追捧。然而，当众人意识到肖恩不会给他们一点儿好处时，最终都离开了他。贝基很高兴，以为这种糟糕的局面结束了。

但事实并非如此。

追捧者离去，其他人却来了兴趣。小偷开始盯上了肖恩的面包店和他的家。

一个晚上，熟睡中的贝基和肖恩被一阵玻璃碎裂的声音惊醒。他们踉踉跄跄跑到楼下，发现面包店变得一团糟。糖和面粉散落四处。

贝基看着眼前混乱不堪的景象，忧心忡忡地说道："我们的安全比那些金币更值钱，我们必须丢掉它们。"

肖恩叹了口气，沮丧地说道："唉，那个小精灵除了麻烦，什么也没给我。"

"小精灵？"贝基问。

肖恩羞愧地把整个故事告诉了贝基。

"也许这些是被诅咒过的金币。"贝基说道，"只有一种方法能解除诅咒，那就是丢掉它们。"

第二天早上，一个孤儿院的门口出现了一个包裹。院长以为是一个婴儿，但当她解开包裹，金币"哗啦啦"地流了出来。

"祈祷得到回应了。"院长轻轻地说。

"解决了。"在一棵荆豆树后，肖恩轻声地对贝基说。

一个月后，面包店的一切又恢复以前的样子。勤恳、踏实，这些宝贵的品质又回到了肖恩的身上。这些才是人生最重要的东西，肖恩说。当迈克尔·奥·唐奈尼来买面包时，肖恩的心态也已平和。

有个弱点叫本能

小丑 文

在美国的阿拉斯加，大约生活着4000只棕熊。每年夏天，阿拉斯加麦克尼尔河上的瀑布，便成了棕熊的乐园，一群群棕熊在瀑布下猎捕河里的鲑鱼。

一般体形庞大的棕熊自恃力量强大，总能占据较好的位置。因为鲑鱼喜欢向瀑布上游跳跃，以便获得更多的氧气。棕熊便掌握了鲑鱼这一本能的特点，而站在瀑布上游，等待鲑鱼跃起自动送到嘴里。可是那些体形较小的棕熊便只能站在较差的位置，或者连较差的位置都轮不上。它们便想方设法偷食同伴的战利品。

于是当体形小的棕熊再次看到体形大的棕熊捕获鲑鱼时，作为弱者的它便决定向强者发起攻击。当弱者试图接近强者时，强者马上本能地张口还击，结果强者刚一张嘴，鲑鱼便掉到了河里。被咬伤的鲑鱼被河水从上游冲到了站在下游的弱者脚边，弱者一口咬定转身逃到一边享用美餐去了。

本来，弱者并不敢真正向强者发动攻击，它只不过是想吓唬一下强者，希望得到它嘴里的食物。强者心里其实也很明白，只要它咬定食物不放，弱者根本不可能伤害到它，更不可能抢走它的食物。但每当弱者走近它，强者便控制不住自己的本能要张口还击，结果每每让弱者得手。

弱者也正是利用了强者这一本能的弱点，而成了棕熊队伍里的专业偷食者。

杀人蜂与巴西咖啡

查一路 文

巴西咖啡的浓香举世闻名，可是让人意想不到的是，它竟跟非洲的杀人蜂有关，而杀人蜂的毒刺令所有人闻风丧胆。

1956 年，在南美洲的巴西，科学家从非洲引进了几十只杀人蜂，这些蜂不慎被人从蜂箱里放了出来。如同打开了潘多拉魔盒，一场灾难降临到整个巴西。

蜂群飞进巴西的丛林，与当地的蜜蜂交配，生产出比非洲杀人蜂更凶猛的新一代蜂种，并迅速繁衍到 10 亿只。40 年来，杀人蜂肆虐频繁。蜂群常常从天而降深入到城市街道袭击行人，至今已有上千人死于蜂螫。

巴西政府和民间曾经采取各种方法，想消灭杀人蜂，但收效甚微。

但是，后来人们发现杀人蜂在带来灾难的同时，也给巴西带来了巨大的经济效益。杀人蜂有惊人的产蜜能力，巴西的养蜂人因此摆脱了贫困，国家从而一跃成为世界四大产蜜国之一。

在人们的印象中，杀人蜂与咖啡是两个毫不相干的概念。令人意想不到的是，由杀人蜂授粉的咖啡，格外地香浓可口。巴西咖啡的品质也随之大大提升。

而另一方面，由于缺乏天敌，杀人蜂的种群在不断增加，数量也在不断上升。并且越过干旱的沙漠地带，向着整个美洲蔓延。

人们开始担心，这种势头如果无法遏制，会不会酿成新的更大的灾难?

非洲杀人蜂的到来，改变了巴西人平静的生活。喜忧参半的现实，让巴西人长久地处在幸福和不安之中，直至找到趋利避害的灵丹妙药。

福祸相依，如一把双刃剑。生活的过程也正是对此类问题做出抉择的过程。

多比幸福感

沈岳明 文

1960 年，美国因贫富差距悬殊，产生许多社会矛盾。穷人不但仇恨富人，还对政府有抵触情绪，这些不好的因素，就像一枚枚藏在暗处的炸弹，令人不安。

为缓和社会矛盾，美国政府曾想了许多方法。比如，给富人增税，给穷人增加福利；提高汽车、豪宅等奢侈品的售价；在穷人密集地设廉价超市等。但是，收效甚微。

有一天，一个叫罗伯特的电视记者，拍摄到这样两组画面：一组的主人公是一家公司的总经理，此人在办公室里超负荷地忙碌着，虽然西装笔挺，但神情憔悴、满面疲惫。另一组的主人公，是一位在写字楼工作的清洁工，他身着蓝色帆布衣服，破旧但不脏乱。只见他一边清扫垃圾，一边哼着乡村歌曲，一副怡然自得的样子。

总经理是美国典型的富人代表，而清洁工是美国典型的穷人代表。这两组镜头在电视上播出之后，奇迹出现了：许多穷

人不再仇恨富人，居然还有很多富人开始羡慕穷人的生活。

很多政府官员和社会学专家都觉得奇怪，仅仅是两组极普通的镜头，怎么就有这么大的威力，使政府耗巨资无法解决的问题得以轻易化解?

罗伯特道出了其中的秘密:“以前，许多镜头都习惯于对准富人的资产和穷人的疾苦，矛盾便出现了。我将镜头对准富人和穷人的内心，富人因为欲望太多，所以神情疲惫;穷人因为生活简单，所以满脸自得。富人和穷人不能只比物质，还要比幸福感。”

比尔·盖茨为什么会成为世界首富

澜涛 文

一家报纸举办一个有奖问答，问题只有一个：比尔·盖茨为什么会成为世界首富？

应征答案雪片般飞来，可谓千奇百怪。最后获得大奖的是一个刚刚大学毕业、参加工作不久的年轻人。

年轻人的答案很简单：比尔·盖茨的成功是因为他没做很多事情。

年轻人为他的答案给出这样的理由：

“我的答案缘于我的一段经历。即将大学毕业时，因为我的学习成绩比较优异吧，很多公司都有意聘请我。其中一家房地产公司给出的高薪让我不能不心动，毕竟我刚刚大学毕业，稳定而又富足的收入是我稳步生活和发展的必要条件。而一个朋友希望我能够和他共同创办一家软件开发公司的诱惑也让我非常向往，我在读大学时就梦想毕业后自己创业，以便可以更充分地发挥自己的想象力和创造力……

“我经过一番权衡和思考，最后做出一个决定，应聘到那家求贤若渴的房地产公司工作的同时，和朋友合力开办一家自己的软件公司。可当我兴奋地将自己的这个‘一举两得’的决定说给老师听时，老师却一脸严肃地告诉我：‘以比尔·盖茨的实力，他可以买下纽约，可以去做房地产等，但他始终专注在自己的操作系统和软件的研发上，而不被市场中别的诱惑所吸引，所以，他才走到了所有人的前面。’老师的话让我明白了，没有人可以同时抵达南极和北极，只有懂得取舍的人，才可以将梦想走得更远。最终，我只选择了其中之一……”

不是每个人都可以成为比尔·盖茨，但每个人都可以拥有和比尔·盖茨一样的智慧：重要的不是做了什么，而是不做什么。

镇定出智慧

董保纲 文

一个博物馆被盗了，丢失了 10 件珍贵的文物，可幸运的是一枚珍贵的钻戒没有被盗。警方经过多次努力也找不到线索，这时一直很冷静的博物馆馆长提议让电视台采访他。

于是电视上播出记者采访博物馆馆长的镜头。记者问：这次失盗共丢失了多少件文物？馆长答：共丢失了 11 件文物。记者问：这些文物都很珍贵吗？馆长答：是的，都很珍贵，特别是一枚钻戒价值连城！

时隔不久，警方就查到了线索顺利地破了案。线索来源很简单，几个盗贼在殴斗时被警方抓获，而他们殴斗的原因竟然是互相猜疑究竟是谁私藏了第 11 件文物——那枚钻戒。

还有一个故事。有一个巨商，为躲避动荡，把所有的家财置换成金银细软。他还特制了一把油纸伞，将金银小心地藏进伞柄之内，然后把自己打扮成普通百姓，带上雨伞准备归隐乡野老家。不料途中出了意外，他不慎打了一个盹，醒来之后雨

伞竟然不见了！巨商毕竟经商数年，他不露声色地仔细观察，发现随身携带的包裹完好无损，断定拿雨伞之人肯定不是专业盗贼，估计是过路人顺手牵羊拿走了雨伞，此人应该就在附近。

巨商于是就在此地住了下来，购置了修伞工具，干起了修伞的营生。春去秋来，一晃两年过去了，他也没有等来自己的雨伞。但是巨商在修伞的过程中，了解到有些人的雨伞坏得不值得一修的时候，就会重新买新的雨伞。巨商于是又改行做起“旧伞换新伞”生意，并且换伞不加钱。一时间前来换伞的人络绎不绝。

不久，有一个中年人夹着一把破旧的油纸伞匆匆赶来，巨商接过一看，正是自己魂牵梦绕的那把雨伞，伞柄处完好无损，巨商不动声色给了那人一把新伞。那人离去之后，巨商转身进门，收拾家当，从此消失得无影无踪。

镇静出智慧。博物馆长的故意声张和巨商的无言等待，都是一种镇静之后的智慧。在突如其来的事件面前，博物馆长和巨商都能够沉着应对，从而化险为夷。

对人生而言，学会镇静是一笔宝贵的财富。它会让你懂得，一旦面前出现惊涛骇浪、乌云笼罩，焦虑、苦恼非但于事无补，有时还会使事情变得更糟，而恰如其分的镇静能够让你稳住阵脚、挽回损失。

镇静是一种智慧，更是一种韧性。许多年前，一把火烧光了爱迪生的实验室，爱迪生站在废墟上说：现在我们又可以重新开始了！

我相信，任何知道这句话的人都会为爱迪生的镇静发出由衷的赞叹。

隔壁的百万富翁

庞启帆　编译

克里斯和我都喜欢我们的邻居，他们友善、热心，可以说，我们的邻里关系非常和谐。我们最喜欢的邻居之一还是我们隔壁的老人约翰。

约翰是一名退休教师，今年 71 岁了。四十多年来，他一直住在一个小农场里。这个农场只有半英亩大。他有一个旧仓库，里面堆满了废木料、旧器具之类的东西。每次出门，他开的都是一辆破旧的旅行车，这辆车他已经用了 25 年了。

每年冬天，他都会到新西兰经营奶牛场的朋友们那儿去帮忙。夏天，他则去阿拉斯加钓鱼。余下的几个月，他就待在家里侍弄他的花园和菜园。他的退休生活可真够丰富多彩的。

约翰喜欢向别人提建议，提建议时会很委婉。见到我整理果园，他会告诉我如何搭架，并且免费给我提供搭架的材料；见到我和丈夫在侍弄花园，如果他有空，就会过来帮助我们修剪灌木。我们不想让他过度劳累，他就打趣自己："来帮你们

的忙是为了锻炼我自己的身体，我不想让自己这把老骨头过早散掉。”

当然，约翰也会向我们借东西。几个月前，他问我有没有成捆的塑料布。我说：“温室大棚那种塑料布吗？”

“当然可以。就快要到冬天了，我准备用它做个挡风窗。我做了个木框，然后钉上塑料布，这样可以省些取暖费。”

最近一个星期天，我去了一趟书店。回来时看见约翰正在院子里干活。他随口问道：“嘿，詹妮！出去干吗了？”

“没什么。”我说道，“只是去书店买了几本个人理财的书。”我顺便读了书名给他听。他笑了，眼睛眨了一下。

“好啊！”他说，“我真高兴看到像你这么年轻的人就对理财感兴趣。”

“我不小了。”我嘟囔道。

他呵呵一笑说：“你的人生之路还长着呢！不过，如果你现在就懂得理财，那你可以省下很多钱。”在此之前，我们从来没谈论过钱的事情。我自己开设有一个个人理财网站的事，也从来没跟他提过。

“我来告诉你一些事情。”他接着说，“我是个教师，薪水不高。但是我尽量省钱，然后用来投资。幸运时就赚一点儿，倒霉时就赔一点儿。你知道我现在有多少钱吗？”我摇摇头。他自豪地说道：“一百多万。这都是因为我的节俭。我一直都是用像这样的东西。”说着，他用手指着他的院子。

我看到了他的苹果树、葡萄藤、草莓藤，看到了他自制的防风窗、已经用了25年的旅行车，看到了那个破旧的木炭炉，还有他身上的旧衣服。他的农场里有好几间房，他自己只用两间，其余的租给别人。

“不是真的需要，我不会去买东西。”他说，“不怕你笑话，我经常去找些别人用过的东西来用，只要能用就行，我也不在乎别人的看法。别人喜欢买新东西，我试着搜集我要的每样东西。这样似乎省不了什么钱，但时间长了，数目就可观了。我用这笔省下的钱投资，所以现在我能做我想做的一切。”

当然，这番话让我想笑。但回到家后，我从他的话里慢慢品味出了生活的哲理。他就是我要在我的理财网站上赞扬的人。思想与行为不囿于别人的目光，有着长远的打算，在岁月的积攒里他取得了成功。他是真正的百万富翁。

有时候，人们写信给我说，没有人可以慢慢变富。“那样的话简直没法活。”他们说。

我不相信他们的话。我遇到过很多慢慢致富的人，并且他们生活得很稳定。约翰就是其中之一。当然也有人能一夜暴富，但那毕竟是少之又少。在这个世界上的人，在拥有巨额财富时，大都已经经历了一段很长的岁月。

如果你能悟透约翰的生活哲理，并以沉稳的心态经营自己的人生，你也很有可能成为百万富翁。

错开季节的花

矫友田 文

因为暖秋的缘故，山下那片枫树林仍未见熟透的迹象，叶丛之间只有星星点点的红斑。而在往年这个时候，整片枫树林早已熟透。远远看去，那一簇一簇火红的枫叶，在秋风中摇曳着，宛若大山的裙摆，十分迷人。

或许是因为它们的失约，当我从那片枫树林经过的时候，心中竟生出一种莫名的失落。我沿着一条偏僻的山径走去，待走出枫树林之后，才发现前面是一个小水潭，像镜子一样镶嵌在那儿。

在水潭旁边，是几株久未被人打扰的紫荆花。它们那细柔的枝条，在阳光下尽情舒展着；心形墨绿的叶片，仍然透着盎然生机。

蓦然，我被其中的一株紫荆花给吸引住了，在它的一根枝条上，竟然绽放着十几朵紫红色的花朵。那些花朵，就像一只只展翅欲飞的蝴蝶一样美丽。

如果是在春季，我也许不会有一丝惊讶，甚至不会觉察到它们的艳丽。因为春天，原本就是它们生命的花期。然而眼前，风已凉秋已深，我不能不惊奇自己的发现。

哦，那是一些错开了季节的花。

它们就像一个个顽皮的小孩，在生命四季的城堡里做着有趣的游戏。一不小心，它们就推错了季节的门。

这个花期，对它们来说有一些残酷。也许是夜间的一场凉霜，或是一场空袭的寒流，就会将它们所有的美丽湮没。可是它们没有一丝忧伤和恐惧，只是尽情地舒展着花蕾，拥抱着阳光，吐露着生命里最真实的芳香。

此刻，我注视它们的眼光，不再有怜悯和惊讶，而是一种超乎寻常的敬重。我静静地想着，这一切也许都是上苍特意的安排吧，让它们来经历一段痛苦的折磨和锤炼。

于是，它们才有了与众不同的生命。

上苍在赐予一个人某些东西的时候，也会从他身边带走一些东西。仿佛冥冥之中，它总是用那一只无形的大手，在平衡着自然与人类的支点。这就像是一架巨大的天平，当自然缺失了一些东西的时候，上苍就会从人的一端拿走一些东西。

在我们世间，总会遇到那样一些对我们来说熟悉的，抑或是陌生的生命，他们错失了原本应该花枝招展的季节。然而，他们仍然努力挣扎着，将自己生命的花蕾，在痛苦的岁月里灿然绽放。

那种忍受着厄运威胁与痛苦折磨释放出来的美，哪怕只有短暂一瞬，也会令人感动不已，就像秋风里枝头上的那些紫荆花，会让我永远铭记。

生命的意义，不在于一个人在安逸的日子里享受了些什么，而在于他在痛苦的环境里，是否选择一种坚强和从容的

生活姿态。

如果你，抑或我，是一朵错开季节的花，会像那些紫荆花一样，没有忧伤、没有恐惧，在痛苦的日子里也能灿然绽放吗?

沙漠花园里的秘密

春天到来之时，各种灌木的枝头顶着颜色各异的艳丽花朵，在烈日与金沙呼应下，美得令人惊心动魄。因此，发现者称这里为“沙漠花园”。

沙漠花园里的秘密

感动　文

在澳大利亚的西南部，有一片在地图上找不到的沙漠。这里雨水稀少，干旱异常。夏季，这里的最高温度可达50摄氏度。因为没有高大树木的阻挡，狂风终日从这片沙漠上空咆哮而过，好像要把地平线扯断。

听不到野兽的吼叫，没有溪水潺潺，甚至连虫豸的呢喃都稀少，风是这里唯一的声音。

任何人都会以为这是一片死亡之域。

但事实却恰恰相反。

1973年，澳大利亚一个叫夫兰纳里的植物学家在骑摩托车旅行时，发现这片世界上条件最恶劣的沙漠中，竟有大约3600多种植物繁荣共生。如果按单位面积计算，物种多样性要远远超过南美洲的热带雨林。

春天到来之时，各种灌木的枝头顶着颜色各异的艳丽花朵，在烈日与金沙呼应下，美得令人惊心动魄。因此，发现者称这里为“沙漠花园”。

是什么原因把最恶劣的环境，变成了最美丽的花园？夫兰纳里发现，生长在这里的植物对自己非常苛刻，对水和养料的需求少得可怜，几乎是别处植物的十分之一。同时，这里所有植物的叶子都不是绿色的，而是带着各种鲜艳的颜色，它们的花朵也都美轮美奂，花冠硕大艳丽，几乎各种颜色的花在这里都能找到。而更奇特的是，这些花朵都能分泌超乎想象的大量花蜜。

夫兰纳里对这些植物进行了 30 年深入研究，才发现其中的奥秘：这里的土壤成分主要是没有养分的石英，只有对水分和营养需求极少的植物才能生存；昆虫和鸟类在这里非常稀少，潜在的授粉者数量极少。植物的生存繁衍主要靠传播花粉，在这种条件下，植物必须开出最大、最艳丽的花朵，分泌最多的花蜜，才能吸引潜在的授粉者的注意。

索取得最少，花朵开得最大、最美，花蜜产生得最多，这就是环境最恶劣的沙漠能变成花园的秘密。

少一些索取，多一些贡献，在最贫瘠的环境中，生命也会如花般绚烂绽放。

用手来踢足球

清山 文

在 2009 年意大利足球甲级联赛赛场上，有一场比赛格外引人注目，事后几个月仍被人津津乐道。

比赛的双方是豪门球队罗马队和默默无闻的墨西拿队。比赛进行到第 35 分钟时，罗马队一名队员主罚任意球，当球划出一道美丽的弧线直入禁区即将滑门而过时，罗马队的另一名球员德罗西奋力跃起冲顶攻门。但球稍微高过他的头顶，情急之下，德罗西本能地用手触球，球立即改变飞行线路，应声入网。由于德罗西在跃起时，头和手臂都同时冲向球，裁判并没有看到他的手球动作，判定进球有效。

但当主裁判向他询问是否手球时，德罗西勇敢地称是。主裁判改判进球无效，全场的所有球迷都为德罗西的诚实鼓掌，墨西拿的球员纷纷上前与他握手致意，主裁判也向他伸出了大拇指。赛后，更令德罗西感到意外的是，罗马市市长亲自打电话给他，表达了赞许之意，德罗西也因此获得了公平竞赛奖。

事实上，德罗西受到如此礼遇一点也不用奇怪。在以往的比赛中，在没被裁判发现的情况下，用手踢球获益而又主动承认的非常鲜见。

最著名的当属马拉多纳的“上帝之手”，他用手把球打进了英格兰的大门，并带领阿根廷队获得了那届世界杯的冠军。阿根廷的另一名现役球员，也曾用手把球打入对方球门，成为当之无愧的马拉多纳继承人。

随着摄像技术的飞速发展，在慢镜头回放中，用手踢球已经几乎无处遁形；即使当值裁判发现不了，事后仍然会遭人诟病与耻笑，甚至受到追加处罚。足球场上，对用手踢球选择沉默的球员处罚力度也日渐加大，甚至这种行为都很难得到本方队友和球迷的原谅。

我们日常生活中也常常遭遇类似的情况，在违规获利的情况下是选择视而不见、暗自庆幸，还是勇敢地承认错误？选择了前者，在满足一己之利的同时，也丧失了起码的道德；选择了后者，表面看来是一种利益的失去，但实际情况是，你的诚实和正直早已赢得了远在利益之上的崇敬和尊重。

被水淹死的鱼

李均 文

一条崭新的商船在无边的大海上航行。傍晚时分，突然刮起了大风，滔天的巨浪从四面八方包围过来，吓坏了船上的许多人。这时，船长命令大家都回到甲板下面，“不要慌张，在海上，遇到风暴是常有的事情。”但这次风暴却和往常不同，风越刮越猛，浪头越来越大，最后竟然把船推到了礁石上，船底被撞出一个大洞。汹涌的海水顿时灌了进来。

船长是个很有经验的老水手，他吩咐船员们一边堵塞漏洞，一边往外排水。尽管每个人都感到无比的恐惧，但求生的欲望还是激发了大家的斗志，所有的人都投入到了这场没有硝烟的战斗中。不过，风浪实在是太大了，刚把这个洞口堵住，旁边又被撞开了一条缝，海水再次涌了进来。“大家都别松劲，风暴马上就要结束了。”船长鼓励大家道。为了共同的目的，船员们再次奋不顾身地冲了上去。

就这样，一而再，再而三的，终于，当第六个洞出现在船身上时，筋疲力竭的船员们放弃了拼下去的斗志。尽管船长把嗓子都喊哑了，但对于精神上已经溃败的船员们来说，他显得无能为力。海水哗哗地灌进来，一点一点地将船舱淹没。

然而，就在此时，风暴停了下来，海面上转瞬之间变得风平浪静。只是大船已经无法挽救了。悲愤的船长拔出匕首，割破喉咙，誓死和大船一起沉没。临死前，他说："我们不是被海水打败的，我们是被自己打败的。作为一名水手，这样被水淹死，就好比是被水淹死的鱼，这种死法是可耻的！"

后来，这个故事被演绎成了航海人的口头教材。直到现在，每个新出船的海员，在第一次出船前都要仔细聆听这个故事，从中品味出一些道理。是的，只要再坚持一点点，哪怕是几分钟，那么，故事的结局就会截然相反。

像长颈鹿妈妈那样优雅

吕麦 文

春节前夕，儿子排练很辛苦，常常连最喜欢的《动物世界》没看完就睡着了。

他爸爸心疼不已，买了一只“五指山”卡通沙发，送到排练馆。让儿子排练间隙，好好地歇会儿。

一天，老年合唱队的王师傅设计把儿子支开，自己一屁股坐进去，惬意地打起了盹。儿子明知上了当，却不吭声，默默坐在地板上。

刚巧，我买了点吃的去“探班”。看到这一幕，有点生气地说，王师傅欺负小孩子。谁知，他不屑地用大拇指掐着小指尖说，你们家孩子，在家是小皇帝、小明星，在这里，是这个。

我气得龇牙瞪眼，大声叫他“让开！”见我发火，别的演员纷纷过来劝架，王师傅灰头土脸地坐到别处去了。

我心疼地拿出好吃的，慰劳儿子。但儿子似乎闷闷不乐，不和我说一句话。

回到家，他怏怏地对我说："妈妈，以后你忙你的，不要再到排练馆去了。"

我以为儿子是孝顺，怕我累着了。谁知，接下来的彩排，儿子撇下赋闲的我，坚决让他爸爸丢下工作陪他。

我们一再追问"为什么？"儿子不说。

演出完的第二天晚上，儿子在客厅看《动物世界》，我在厨房忙乎。忽然，儿子大声地叫我："妈妈，快来，快来看长颈鹿妈妈！"

只见电视上的图画配着温柔的画外音说：长颈鹿妈妈的母爱，含蓄端庄、优雅从容。狮子们垂涎欲滴、虎视眈眈，想尽一切办法接近肉质鲜嫩的小长颈鹿。对于孩子遭遇的危险，长颈鹿妈妈看在眼里，但始终不失风度，姿态优雅。

当狮子太过接近小长颈鹿的时候，它也不像别的动物那样张牙舞爪、龇牙咆哮，而是优雅、从容地用坚硬的蹄子，在地面敲击几下，以警告敌人：离我的孩子远点！狮子虽然是森林之王，但对于高大、优雅的长颈鹿，却也畏惧三分，不得不眼巴巴地看着长颈鹿母子从容离去……

我忽然明白：从容、优雅的气质，不但可以保护孩子，无言自威地震慑敌人，更体现了自身的素质、修养。

自打儿子学琴以来，我一直教育他：音乐是美妙、高贵、优雅的东西。学习乐器的人，未必非要成名成家，更重要的是，我们要用乐器和音乐，培养自己的素质，陶冶情操……说过的话，言犹在耳。可是，我那天的暴怒行为，却让孩子看到了我的表里不一。

我连忙说："儿子，妈妈那天是不是像头狮子？真没风度，请你原谅，好吗？"儿子捂嘴窃笑，点头。

试想，我们如果不以身作则，言行一致，又如何让孩子做

一个“绅士”呢?

生活是复杂的，它有许多不尽如人意的地方。但是，无论什么时候，对什么人，我们都要规范、调整、控制，保持自己的风度。

一旦偶尔失控，就有必要反省，并且真心地承认错误。

生命的林子

李雪峰 文

唐玄奘刚剃度的时候，在法门寺修行。法门寺是个香火鼎盛、香客络绎不绝的名寺，每天晨钟暮鼓，香客如流。玄奘想静下心神，潜心修身，但法门寺法事应酬太繁，自己虽苦苦习经多年，但谈经论道起来，自己远不如寺里的许多僧人。

有人劝玄奘说："法门寺是个名满天下的名寺，水深龙多，汇集了天下的许多名僧，你若想在僧侣中出人头地，不如到一些偏僻小寺中阅经读卷。这样，你的才华很快便会光芒显露了。"

玄奘思忖许久，觉得这话很对，便决意辞别师父。于是玄奘打点了经卷、包裹，去向方丈辞行。

方丈明白玄奘的意图后，问玄奘："烛火和太阳哪个更亮些？"玄奘说当然是太阳了。方丈说："你愿做烛火还是太阳呢？"

玄奘认真思忖了好久，郑重地回答说："我愿做太阳！"于是方丈微微一笑说："我们到寺后的林子去走走吧。"

法门寺后是一片郁郁葱葱的松林。方丈将玄奘带到不远处的一个山头上，这座山头上树木稀疏，只有一些灌木和零星的三两棵松树。方丈指着其中最高大的一棵说："这棵树是这里最大最高的，可它能做什么呢？"玄奘围着树看了看，这棵松树乱枝纵横，树干又短又扭曲，玄奘说："它只能做煮粥的薪柴。"

方丈又带玄奘到那一片郁郁葱葱、密密匝匝的林子中去，林子遮天蔽日，棵棵松树秀颀、挺拔。方丈问玄奘说："为什么这里的松树每一棵都这么修长、挺直呢？"

玄奘说："都是为了争着承接天上的阳光吧。"方丈郑重地说："这些树就像芸芸众生啊，它们长在一起，就是一个群体，为了一缕阳光，为了一滴雨露，它们都奋力向上生长，于是它们棵棵都可能成为栋梁。而那远离群体零零星星的三两棵，充足的阳光是它们的，许许多多的雨露是它们的，它们在灌木中鹤立鸡群，没有树和它们竞争，所以，它们就成了薪柴啊。"

玄奘听了，便明白了。玄奘惭愧地说："法门寺就是这一片莽莽苍苍的大林子，而山野小寺就是那棵远离树林的树了。方丈，我不会再离开法门寺了！"

在法门寺这片森林里，玄奘苦心潜修，后来，终于成为一代名僧。

是的，一个希望成才的人是不能远离社会这个群体的，就像一棵大树不能远离森林。

一条水渠的启示

薛峰　文

曾经读过这样一个小故事，是关于西班牙塞哥维亚引水渠的故事。

这条人工水道修建于公元109年的罗马时代。一千八百多年以来，山里面的凉水经由该水道流到这座干燥炎热的城市。世世代代的塞哥维亚人的生活用水都依赖这座引水渠。

然而到了最近的一代人，就有人提出建议："塞哥维亚的引水渠是一项宏伟的工程、一个伟大的奇迹，应该把它保护起来，留给我们的子孙后代。况且，这条引水渠用了这么多年，也该让它歇息了。"

于是，这个城市的人们动手铺设了一条新的铁皮水管，代替了原先引水入城的古引水渠。

然而现代化的水管铺好后不久，这条古老的引水渠就发生了质变。经过日光的曝晒之后，那些千年古砖和石块开始开裂，干涸的引水渠很快就到处坍塌。一条历经千年水流不息的引水

渠最终就被短暂的闲置葬送掉了。

真的很让人感慨，现实生活中，有些人不也是这样吗？在忙碌中才能显示出乐趣，一旦清闲下来，反而觉得空虚无聊了。这条水渠更印证了这样一个道理：一颗闪光的星星，之所以耀眼，就因为它悬挂夜空为大地洒下光辉，如果你觉得它太美丽把它摘下来放在展览室里，则会黯淡无光了。

因为有价值，所以美丽；因为美丽，才更加值得利用！

狮尾狒的生存绝技

归雁生 文

俯瞰埃塞俄比亚高原，寒风刺骨、悬崖陡壁。这里生活着一群勇敢的“攀岩高手”，在悬崖峭壁上，一群群宛若蜘蛛侠般的狮尾狒，飞来飞去，游刃有余。它们时而身轻如燕、时而飞越岩壁。

它们身上有厚而多毛的斗篷保护，是为了抵御寒冷严酷的高原环境。最奇特的是狮尾狒屁股还甩着一个长长的狮子般的大尾巴。每当这些可爱的小战士冲锋陷阵、互相追逐嬉戏的时候，平衡的艺术更是发挥到了淋漓尽致。在四千多米高的陡壁上，个个身手敏捷、矫健灵活，令肚腹空空的豹类等肉食动物垂涎三尺，却又望崖兴叹。

在埃塞俄比亚高原上，因地势海拔高，见不到一棵枝叶茂盛的大树，有的是漫山遍野的野草。成群的狮尾狒，以家为单位，或十个一家，或二十个一家，懒散地坐着，悠闲地吃着伸手就能拿到的美味野草，让人羡慕死了。可是，为了生存，从

平原来到高原，进化的结果，吃草是狮尾狒唯一的食物选择。吃饱喝足了，理毛是它们每天必做的功课。这可不是仅仅为了简单的抓虱子，而是交流感情的最佳方式，母亲给孩子理毛，是寄托母子情深；恋人之间的理毛，是互生爱慕，彼此都希望白头偕老，获得一生一世的爱。

然而，这里毕竟不是“采菊东篱下，悠然见南山”的田园生活，时不时都会有天敌的侵入，为了保卫自己的家园不受侵犯，它们都是一支训练有素的“军队”，分工协作，团结博爱。有站岗放哨的，有负责后勤供应的，有抵御强敌的士兵，更有神情若定的指挥官。每当遭遇外敌入侵的危险时刻，丝毫看不出狮尾狒群有多慌乱和狼狈，反而它们就像一群猛虎，群起而攻之，在指挥官的挥手之间，狮尾狒们就像一首完美动听的音乐曲子，你中有我，我中有你，无所畏惧，保卫家园，直到把敌人赶出自己的领地。

“爱家主义”在它们的头脑里始终是第一位，因为狮尾狒知道团结就是力量，团结才能生存。

狮尾狒之所以能够在严寒多风的埃塞俄比亚高原上生存至今，除了它们自身独有的优势外，更重要的是靠团队协作精神。

历史学家的人生态度

尹玉生 文

40 岁那年，默默无闻的小人物托马斯·卡莱尔终于完成了自己的第一本书稿，这本书稿耗尽了他前半生的全部心血，他迫不及待地将书稿交给了自己的好友、已颇具盛名的哲学家和经济学家穆勒，请他担当书稿的第一读者。

穆勒不敢辜负朋友的重托，他推掉所有的事务，将自己关在雅静的书房，花了整整 4 天的时间，将全书仔细而完整地阅读了一遍。随着阅读的深入，穆勒越来越强烈地感觉到，这是一本了不起的著作。当他读完最后一页，抑制不住内心的激动，将书稿放在椅子上，走出书房，来到花坛，思考该如何用自己的影响力，使得这本伟大的著作能尽快引起外界的关注。

然而，灾难就在这一刻发生了。当穆勒离开书房后，一阵风吹来，将椅子上的书稿吹落了一地，前来送甜点的女佣看到散落在地上的书稿，以为是被主人丢弃的废纸，便将它们捡拾起来，并顺手投在了火炉里！

1835 年 3 月 15 日——穆勒一生都无法忘记的日子。怀着巨大的痛苦和内疚，穆勒来到卡莱尔家中，将这个难以启齿的坏消息告诉了卡莱尔。卡莱尔一下子惊呆了，许久，两个人都沉默不语。卡莱尔后来回忆当时的情形道："我还清晰地记得那一天，穆勒面色惨白，如同一个鬼魂，他的惶恐如此强烈，使我觉得我必须反过来安慰他。"

最终，从震惊中清醒过来的卡莱尔对愧疚难当的好友说道："好了，我的朋友，你不必那么痛苦。我已经决定了，从现在起，我将重写这本书。"

穆勒脚步沉重地走了。望着穆勒的背影，卡莱尔对妻子说道："多么可怜的穆勒。看着他痛苦不堪的神情，我实在是不忍心。我不希望让这件已经发生的事情压垮了他和我，最好的办法莫过于我现在就开始重写这本书。"

然而，重写谈何容易。对一位作家而言，将一部已经完成的著作靠记忆重写一遍，比另起炉灶新写一篇更为吃力和痛苦。卡莱尔顶住巨大的精神煎熬，以罕见的毅力，终于在数月后将书稿重新完成。

在得知卡莱尔重新完成书稿后，穆勒内心的喜悦超过了任何一个人，他终于可以从痛苦和愧疚中解脱出来了。他向好友发问道："我完全能够想象这项工作的艰巨性，我想知道的是，你的动力究竟来自哪里？"

"我的朋友，"卡莱尔微笑着回答道，"我们没有能力去阻止已经发生的事情，但我们却有能力去改变已经发生的事情对我们现在生活的影响。"

"接受已经发生的，改变可以改变的。"正是这种睿智的人生态度，最终成就了一位伟大的历史学家。

最美丽的山路

陆勇强 文

山上有一个很大的花圃，每到春暖花开，花圃就成了一个花的海洋。

通向花圃的只有一条山路，只能容纳一辆卡车前行。花圃主人说，一直想修路，但拿不出那么多钱。现在肥料都得用卡车运上来，夏天缺水的时候，还得运水。

花圃主人说，当年把花圃选在这里，看中的是地价便宜，现在看来是个失误。

从花圃下山的时候，我没有乘车，和主人一起走下山。路两边都是花花草草，有些花儿，已经结出花骨朵，芳香扑鼻。

我说，你真会经营啊，连上山的路上也种上了花草。主人说，不是我种的，那是花圃里的工人的“杰作”。花圃里有二十多位工人，他们每天上山下山。收工的时候，他们的衣服上、头发上，都会沾有花籽，他们一路走，一路掉，慢慢地，这里就成了一个鲜花走廊。还有，上山的卡车经过这里，在这样崎岖

的山路上会震落下肥料、水，这成了花草的给养。每到春天，它们就一个劲儿绽出绿色，散发芳香。

果然，这条鲜花走廊慢慢变稀，最后在平坦的山脚消失。

这真是一件十分有趣的事情。这该是这条坎坷山路的一次“创作”吧，这也是工人、卡车的一次慷慨施舍。无意之中，装点出了一条鲜花盛开的路。

人生中，是不是会有这样的无意之举？有的。如果你走的是一条泥泞坎坷的道路，那么，你就会一路上散落许多东西：你的汗水、你的奋斗、你的哀愁……千万不要为自己的境遇叹息。这一切，都会像花圃工人一样，无意间装点出一条鲜花盛开的路。

每年春天，这里鲜花盛开，吐露芬芳，它会成为方圆几十里内最美丽的山路。

矢车菊的智慧

李丹崖 文

恐怕没有人会相信，一朵花竟然能拯救一个国家！

这是德国历史上一次影响深远的内战。在这次内战中，由于德王室危在旦夕，迫使王后路易斯不得不带着两个王子逃离柏林。屋漏偏逢连夜雨，谁也没有料到，在逃离途中，他们的车子竟然毁在半途。迫不得已，王后连忙吩咐随从把车子隐藏起来加紧修理，她则带着两个王子下车藏在了一片人迹罕至的花丛背后。

那是一片蓝色的花海，一朵朵矢车菊恣意地绽放在花丛中，煞是可人。两个王子高兴极了，纷纷挣脱母亲的怀抱在花间嬉戏。王后路易斯也是一个爱花之人，她也加入到了孩子们的队伍。五分钟后，她用自己灵巧的双手编织成了一个矢车菊花环，然后亲自给九岁的威廉王子戴在项间。威廉王子非常喜欢矢车菊，就拉着妈妈到花丛中去观赏。

此时，正值矢车菊花盛坐果的季节，许多都已结了果实。

不想这时候却遭遇了连绵的阴雨。向来爱惜花草的威廉王子心疼坏了，心想，这下子肯定要有许多矢车菊惨遭灭顶之灾！然而，几天后，笼罩在威廉王子脸上的阴云不见了，他竟然破涕为笑起来。原来，经过几天的观察，他们发现这种果实很特别……

路易斯王后经过仔细观察后，为矢车菊顽强的繁殖和延续的方式给惊呆了。原来，矢车菊不光没有被恶劣的天气打到，与之恰恰相反的是，它们反倒借助恶劣的天气来成就自己的繁衍“大业”！她把矢车菊的秘密讲给了自己的儿子们听，哪知道，这时候威廉王子早已经对矢车菊的“成功秘诀”心领神会。竟然破天荒地说：“我也要做一朵矢车菊！”

若干年后，威廉王子突破了重重艰险，终于成了统一德国的第一个皇帝！由此，那些在关键时刻激励他不屈不挠的“幸运之花”——矢车菊被推为德国国花。如今，只要你徜徉在德国的乡间小路上，随处都可以看见一丛丛矢车菊绽放在微风中，并散发出迷人的芬芳……

每一次跌倒都是一次进步，每一次羁绊都是一次成熟。化被动地忍受磨难为主动地享受磨难，矢车菊是何等的智慧啊！难怪坚强的日耳曼民族这么崇拜矢车菊，原来，他们是借矢车菊在时时警醒自己啊！

一无是处的长处

事实也确实如此，狮群见到象群经常会望风而逃。因为如果逃得慢了，很可能就会被大象巨大的脚踩得粉身碎骨。

你也可以吃掉大象

清山 文

在野生动物中，如果提起狮子和野牛，旁观者几乎不用考虑就会把狮子列为强者，把野牛当作弱者。事实果真如此吗？其实真相是：狮子如果不是在极度缺少食物的情况下，是很少攻击野牛的。因为野牛除了没有锋利的牙齿外，在体重、身高、力量上都要超过狮子，况且它还有一对硕大的牛角。在狮群和野牛群的较量中，胜负几乎是平分秋色。

狮子连野牛都对付不好，那么想击败外形庞大、体重是它十几倍的大象，几乎就是不可能完成的任务。事实也确实如此，狮群见到象群经常会望风而逃。因为如果逃得慢了，很可能就会被大象巨大的脚踩得粉身碎骨。尤其是在干旱的季节，原本被狮群盘踞的水源常常被象群抢去。

但狮子要想不饿肚子，每两天就要成功捕获一只大型猎物。在面临食物短缺到威胁生命的时候，它们就会被迫攻击大象，舍命一搏。狮子是一种聪明的动物，它知道在白天斗不过大象，但在夜里，胜负的天平就会向它们发生倾斜。因为狮子的夜视能力很强，而大象的夜视能力和人类差不多，几乎就是一个“睁眼瞎”。

在漆黑的夜里，狮群的攻击引起了象群的骚乱，四散而逃中的落伍者就会成为狮群最终的攻击目标。要想成功捕获一头大象并不容易，所以狮群的攻击必须讲究策略。被惹怒的落伍大象发疯般冲向狮群，狮子避其锋芒，识时务地纷纷逃避。待大象想追赶自己的大部队时，狮群会再次尾随攻击它。

几个来回下来，这头孤独的大象就会被折磨得气喘吁吁、筋疲力尽。此时的大象已心生怯意，想逃跑时，几十头母狮纷纷从它身后发动攻击，直到把大象咬得伤痕累累、瘫倒在地。此时雄狮向它发动致命一击。捕获的这头大象足可以让狮群享用一个星期。

狮子能够成功吃掉大象，归功于它们的团结以及无与伦比的勇气、敏锐的观察力、超强的耐心和正确的战术。失败的缘由都是惊人的相似，而成功的理由也总是大致相同。

笑对生活

矫友田 文

有一位年轻的喜剧演员慕名去拜访一位著名的喜剧大师。他虔诚地问："我如何才能够使自己的表演水平有更大的提高呢？"

听了之后，那位大师微笑着问："你会笑吗？如果你会笑，那你肯定没有问题。"

在这句听似答非所问的普通话语里面，是否包含着一个深邃的人生哲理呢？"笑对生活"是一种坦然、豁达和真诚的生活姿态。

有这么一个童话：

有一个小女孩，因为面容长得丑陋，她内心非常自卑，别人很少能够从她脸上见到笑容。幸福女神决定帮助这个小女孩，使她快乐起来。

于是，幸福女神就带她去参观两座玫瑰庄园。

当她们走进第一座玫瑰庄园时，里面阳光明媚、鸟语花香，随处可以听到朗朗的笑声。在里面遇到的每一个人都会热情地跟她们打招呼，并且送给她们一个真诚的微笑。

之后，幸福女神就问小女孩："你喜欢这里吗？"

小女孩点了点头说："喜欢呀，这里的人很热情、很亲切，就像家里人一样。"

随后，幸福女神又带小女孩走进第二座玫瑰庄园。那里面死气沉沉，天空阴郁，地上长满了蒿草，玫瑰花也开得无精打采，有好多都已凋零了。她们见到的每一个人，都面带忧郁和冷漠的神情，更没有一个人主动跟她们打招呼。

从第二座玫瑰庄园里出来之后，幸福女神又问小女孩："现在比一比，你愿意生活在哪一座玫瑰庄园里呢？"

小女孩毫不犹豫地回答："当然是在第一座玫瑰庄园里了。"

此时，幸福女神继续问她："为什么第一座庄园里的玫瑰花开得那么美丽，人们生活得那么快乐呢？"

小女孩思忖了一会儿，说："因为他们每个人的脸上都挂着笑容！"

幸福女神拍了拍小女孩的头，说："是啊，当你笑的时候，你也就拥有了一座健康的玫瑰庄园。同时，你也就把自己的幸福分享给了身边的每一个人，他们也会被你引入第一座玫瑰庄园。"

小女孩终于明白了幸福女神的用意。从此以后，她学会了笑对生活。别人都称赞她是一个快乐、善良、懂事的好女孩。

我喜欢这个美丽的童话，更喜欢现实中每一处涌动着笑声的地方。

平时购物，我总是喜欢去一家名叫维客的超市。这倒不是因为这家超市的货物比其他超市丰富，也不是因为这家超市的服务人员比其他超市的服务员更出色，而是喜欢他们贴在置物

架上的那一些宣传牌：“录影中，请微笑！”

是啊，我们的人生不就是一次特殊的录影吗？请记住，不要让生活的镜头缺少了你的微笑！

掉进坑里的巨人

蒋光宇 文

很久以前，夏夜已深，许多人仍坐在广场上乘凉。

这时，古希腊的第一位哲学家和天文学家泰勒斯，仰面朝天慢慢地向广场走来。他正专心致志地观察天上的星辰。在他的前面有个又大又深的土坑，泰勒斯没有发现它，一脚踩空，掉了下去……

周围的一些人见了，哈哈大笑。有人嘲笑他说："你自称能够认识天上的东西，却不知道脚下是什么，你研究学问得益真大啊，跌进坑里就是你的学问给你带来的好处吧！"这一挖苦又引起一阵笑声。

泰勒斯从坑里爬上来，拍了拍身上的泥土，镇定地回答说："只有站得高的人，才有从高处跌进坑里去的权利和自由。没有知识的人，好像本来就躺在土坑里从来没有爬出来过一样，又怎么能从上面跌进坑里去呢？"

接着，泰勒斯笑了笑说："明天会下雨。"果然，第二天

真的下雨了。

两千多年后，黑格尔也说过这样一句话，他说："只有那些永远躺在坑里，从来不仰望高空的人，才不会掉进坑里。"

鹰有时比鸡飞得低，但鸡永远飞不到鹰那么高。

一无是处的长处

朱晖 文

谁也不会想到，经济文明高度发达的日本，竟然还有着一个偏僻荒蛮的山区，那里的人长期与世隔绝，刚刚脱离原始的生活状态。

当地政府伤透脑筋，想方设法希望这里能跟现代文明接轨。然而，此山区既无资源又缺能源，交通闭塞、民智未开，受邀前来投资的企业了解情况后，纷纷摇头。

这一天，山区来了一位商人，他找到村长，说："我可以让你们早日脱贫致富。"村长大喜，问："您愿意投资吗？"商人反问："你们这里有什么值得别人投资的吗？"村长承认："没有，我们一无是处，许多商家来了以后再也不愿回头。"商人笑道："你们最大的缺陷在于非常落后，但最大的长处也正在于惊人的落后。"随后商人详细地阐明了自己的想法，村长听得半信半疑。

"赶快照我说的去做吧，为了让你们真正过上文明的生活，

首先必须把你们刚刚接触的那点文明统统抛弃。”商人敦促说。

没多久，日本一家媒体爆料出一则令人震惊的消息：某商人在北部山区发现原始部落，所有人群居住、生活完全处于原始社会状态！消息一出，顿时引起巨大轰动。各路媒体闻风而动，陆续前往进行追踪报道；好奇的游客更是纷至沓来。

一切都如商人计划中的一样，此前，他已吩咐村民把树上拆掉不久的木屋重新搭建起来，把身上脱掉不穿的兽皮树叶重新穿戴起来，于是媒体和游客面前呈现了一幅活生生的原始画面。投资商终于按捺不住，开始争抢这块“新大陆”，力求将其打造成引人入胜的旅游胜地。于是水、电、路等原先村民不敢奢望解决的难题很快全都迎刃而解。

渐渐地，村民们富裕起来，告别了面朝黄土背朝天的生活，变成了职业的“原始人”。白天，他们带着游客体验“刀耕火种”，到树上领略“原始餐”，然后收取不菲的酬劳。晚上，他们则换上牛仔裤，开上丰田车，去城里过现代人的生活。

用“原始”去赚钱，是商人独到的眼光。有些价值，恰恰隐藏在事物看似一无是处的外表下面，关键在于你有没有一双发现的眼睛。

竹子遇到绳子

陈志宏 文

曾经到过一个小山村，那里，村前溪流淙淙，屋后翠竹青青，山风清爽，花香怡人。作为一个外人，在远处看，这个山村，真可谓世外桃源。然而，在里面待了几天之后，看遍满目苍翠，满山披绿，阅尽花香鸟鸣，盎然生机，我不由地想起一个词语来：穷山恶水。这是一种极为矛盾的心理体验。

其实，山不穷，水也不恶，只是人们年复一年，熟视无睹，故而山水无奇，穷守一生。对于山上郁郁葱葱的竹子，这里的人们，只是春来挖笋出卖，秋后砍成竹销售，没有任何加工。他们住着用毛竹搭的竹屋，家庭条件好点的，才用泥墙挡风遮雨。一条不平的土路，通往山外，只能容二人并肩而过。

是一个在外打工的青年，将这一历史彻底改写。

再次进入这个小山村，他亲自开着自家的宝马小轿车，一条宽阔的水泥马路，将那羊肠小道取代。一路上，他谈笑风生、视野开阔，显然经历了大风大浪，见过大世面。

谈及创业之初，他说：“全是一根绳子点燃的创业之火。确切地说，是一根绳子，让漫山普通的竹子非凡起来。竹子遇到绳子，就不再是竹子了，而是金子，是取之不尽的财富。”这话听来颇为玄妙，其实，了解了他的创业经历，才知道，玄而不玄，实为至理。

他是在高考落榜后，加入进城打工的行列的。起初，并没有因为自己是高中毕业生而受到优待，和所有同村青年一样，在一个建筑工地做小工，搅拌水泥，编扎钢筋，运送砂石砖块等。有一次，工地出了事故，脚手架因一根竹子断裂而松滑，一个工人从高空摔下，送去医院后，命算是保住了，却永远失去了双腿。竹子用得太久，风吹雨淋日晒，已严重老化，危险仍大面积存在，工人们的安全难以保证。从危险里看到商机，他转而向包工头提及自己村里的毛竹和麻绳，建议用新的脚手架，换下现在这旧的。

这一单，他的收入抵得上一个小工辛苦一年的收入。

此后，他用自己村里的毛竹和麻绳在这座城市开创了一片天空，用自己的名字，注册成立了脚手架租赁公司。城市开发加快，生意越来越好。他的脚手架，让这座城市变高了，变大了，也让银行存折上的数字，越变越多。乡亲们在他的带动下，也都纷纷进城做起了生意来。

汽车驶入他建在村里的别墅小院里。这儿与城里的任何一处的别墅相比，都毫不逊色。步入他家三楼露天晒台，安坐于古驿站式的凉亭长木椅上，放眼望去，村里，依然翠竹青青，山泉淙淙，过去的竹屋土坯房不见了，取而代之的是一排排规划整齐的小洋房。山水依旧，但风中，却有一股焕然一新的味道。

他为我泡了一杯功夫茶，一边递给我，一边说：“其实啊，我们每一个人都有一片属于自己的竹子，关键是要找到那根被上帝隐藏起来的绳子。找到了，人生就成功了！”

耳畔竹林飒飒，鼻尖山风泠泠，端起瓷杯，品咂一口，那茶真好。那话，更好。

老鹰和蜗牛

林夕 文

我看过一部电视片，是关于埃及金字塔的。主持人对金字塔极尽赞美之后说：世界上只有两种动物能到达金字塔塔顶，一种是老鹰，还有一种就是蜗牛。

老鹰和蜗牛，以往我从来没有把它们联系在一起，它们是如此的不同：鹰矫健、敏捷、锐利；蜗牛弱小、迟钝、笨拙。鹰残忍、凶狠，杀害同类从不迟疑；蜗牛善良、厚道，从不伤害任何生命。鹰有一对飞翔的翅膀，蜗牛背着一个厚重的壳。这两种从出生就注定一个在天空、一个在地上，是完全不同的动物，它们唯一相同的是都能到达金字塔塔顶。

鹰到达金字塔塔顶，我想主要是归功于它有一双飞翔的翅膀。也因为这双翅膀，鹰成为最凶猛、生命力最强的动物。它可以在最短的时间内迅速攻击和迅速逃离，成败都不使自己受伤害。所以可以说，鹰的翅膀就是它生命力最重要的一部分。鹰能拥有这样的翅膀，和它的残忍有关。鹰的残忍，不仅表现在对其他动物上，还表现在对自己的同类上，包括对自己的幼崽。据说，鹰每次产卵同时产出两个，等它们孵化成小鹰后，就把它们放在一起，不给食物，让它们争斗，其中更强健的一个吃掉另一个。虽然很残忍，但鹰族也因此而进化。

与鹰不同，蜗牛到达金字塔塔顶，主观上是靠它永不停息的执著精神，客观上则应归功于它厚厚的壳。蜗牛的壳，95%的成分是碳酸钙，非常坚硬，它是蜗牛的保护外壳。若遇敌侵，将头迅速缩入壳内安全避难。蜗牛晚上活动白天休息。休息时将身体全部缩入壳内，减少黏液散失，维持生命存活。据说，有一次，一个人看见蜗牛顶着厚重的壳艰难爬行，就好心地替它把壳去掉，让它轻装上阵。结果，蜗牛很快就死了。

正是这看上去又拙又笨、有些负重的壳，让小小的蜗牛得以万里长征，到达金字塔塔顶。在登顶过程中，蜗牛的壳和鹰的翅膀，起的是同样的作用。可惜，生活中，大多数人只羡慕鹰的翅膀，很少在意蜗牛的壳。

分享一条河流

清山 文

鳄鱼是澳大利亚最古老的动物之一，在澳大利亚北部生活着两种鳄鱼，一种是淡水鳄，一种是咸水鳄。

淡水鳄体长两至三米左右，居住在淡水河流、湖泊、小溪中，主要捕食鱼类、青蛙、蜥蜴、龙虾、昆虫等。淡水鳄性情温顺，对人类没有什么威胁，在它们活动的水域中，人类也可以去游泳，虽然淡水鳄也拥有尖锐的牙齿，但它们从来不会去主动攻击人类。

咸水鳄也叫湾鳄，长相类似圆木，体长可达九米。咸水鳄大都生活在海水或流向海洋的河流里，澳大利亚的南鳄鱼河是地球上鳄鱼最密集的河流之一，而这里的咸水鳄也是世界上最富攻击性、最危险的鳄鱼种类。咸水鳄性情暴躁而又凶残，一旦有误入其领地者，它们就会像潜水艇一样悄无声息地接近猎物，然后迅速跃起，发动致命攻击。

对于嗜血成性、面目狰狞的咸水鳄，人类都会退避三舍、敬而远之。而误入人类活动水域的咸水鳄大多则会被捕鳄专家猎杀。

共享一条河流的胸怀，让淡水鳄成为了人类的朋友，受到了大家的喜爱；不共戴天的狭隘秉性，让咸水鳄遭到了孤立，并常常成为被杀戮和攻击的目标。由此可见，与人为善、乐于分享的精神是一种生存智慧，在给别人带来快乐心情的同时，也可以愉悦、温暖自己的心灵。

最简单的最智慧

眼睛　文

有一个年轻人，读研究生的时候就非常关注近年风靡国内的特许经营模式。他发现，特许经营的核心是“拷贝成功”，拥有了好的品牌和模式，连锁加盟是一个把蛋糕迅速做大的捷径。跃跃欲试的他在认真权衡和斟酌后，将目光锁定在“特色馄饨店”上。理由是：许多人都爱吃馄饨，物美价廉。再有，街面上的馄饨多以肉馅带汤为主，其实小小馄饨却名目繁多，在广东叫云吞，在四川叫抄手，在江西叫清汤，在新疆叫曲曲，在福州叫扁肉，且不仅可煮着吃，还可以蒸着吃、炸着吃、先煮后炸吃……创业伊始，他将自己的特色馄饨定位到100个品种。

目标有了，他并没有急于行动，而是先“弯腰”到一家日本人开的便利店做了个店长，他要学习日本人先进的管理技术。软硬件都准备好了之后，第一家“吉祥特色馄饨店”在上海人民路开张营业了。干净明亮的店堂、顾客第一的理念、皮嫩馅鲜的馄饨、新颖丰富的品种、经济实惠的价格……刚开业，便开始出现了顾客排队等候的火爆现象。

他知道，要想将事业的蛋糕做大，就不能将眼睛只盯在眼前的小店上，因为这一家店再怎样扩大，规模都不会大起来，想真正地做大就必须开连锁店。他想到，麦当劳的汉堡绝不是世界上最好吃的东西，可能一个美国乡村老婆婆做得都比它的好。而麦当劳的汉堡却遍布全球，最主要的原因应该是，麦当劳所有的食品制作都有量化的标准，比如要炸几分几秒、调料要放多少克等等，所以在任何一家店里吃到的汉堡都是一个味道。而讲解中餐制作方法时一般都是说盐少许，味精少许等，这种方法是无法做出同一个口味的东西的。他决定，为了让所有连锁店的馄饨味道一致，建立一家中心厨房，馄饨统一配送。选料、配料与生产的每一个环节细化并责任到人，每一个环节的人只需要将自己的工作按规定做好。洗菜的工人只洗菜，切菜的工人只切菜……这种看起来简单，但做起来每一项都是硬标准的规章很快让他赢来丰厚的回报。开业一年后，他投资3万元的小馄饨店拥有了五十余家连锁店，年产值达2000万元。

这个年轻人叫翁联辉，是上海市工商局注册个人独资企业的第一人。最简单的最智慧，翁联辉的五十多家连锁店店面设计统一、技术统一、产品配方统一……正是这种无论走进哪一家店都可以吃到不变口味的馄饨，赢得了顾客对任何一家连锁店的信任，奇迹也就在这种信任中产生了。

克隆不是照搬，是一种简单的智慧——让人信任。获取信任最直接的方法就是不要把自己弄得复杂，而是要尽量简单得让人能够一目了然。

化敌为友

流沙 文

他在台上演讲时，那人在台下窃窃私语。他说到兴奋之处，那人却肆无忌惮地哈哈大笑。

他有权力阻止这个对自己充满敌意的人的所作所为，但是他没有。他总是面带微笑看着他，然后继续自己的演说。

他知道那人喜欢藏书，每本珍贵的图书他总是想尽办法买到，把它们放进自己的书橱的那一刻，就是这个人人生中最快乐的时分。

有一次，他们在议会大厦的大厅里相遇了，他轻声问："我有许多珍贵的藏书，不知你有没有兴趣？"

那人吃了一惊。他绝不会想到，被他讥讽的人，会用这样主动而真诚的口气跟他说话。

他把家中许多珍贵的藏书赠给那人。从此以后，他们之间有了接触，谈论的话题从书籍发展到政见。最后，他们成为挚友。

他就是美国著名的政治家富兰克林，而他的"敌人"当时的身份是州议会议员。

对付敌人的方法有三种：第一种是针锋相对，不断与之争斗，让他输得心服口服。第二种是忽略对手，忘记对手，不与对手一般见识，这是一种掩耳盗铃的做法。第三种则是化敌为友，让对手成为自己阵营里的朋友。

第一种谁都会做，而且一旦争斗起来，可以斗得天昏地暗，极其惨烈。第二种需要一个人的豁达和操守，以淡然的心态看待对手的挑衅。

第三种则以博大而宽广的胸怀，更长远的考虑，冤家宜解不宜结，消除自己的前进道路上的每一个障碍。

与人争斗和忘记对手都是容易的，但在敌人面前，笑面以待，把敌人引为知己，却要经受人性上的巨大考验。

从某种意义上说，把敌人引为知己和朋友，你所要战胜的根本不是敌人，是人性，是自己。

计划与实践

沈岳明　文

20 世纪 70 年代，在美国加州萨德尔镇有一位名叫法兰克的年轻人。由于家境贫寒，上不起学，他只好去芝加哥寻找出路。他转了好几天也没找到一处容身之所。当他看到大街上不少人以擦皮鞋为生时，他也买了把鞋刷给人擦皮鞋。半年后，法兰克觉得擦皮鞋很辛苦，更重要的是不赚钱。

于是，他用擦皮鞋赚来的一点微薄积蓄租了一间小店，边卖雪糕边给别人擦鞋。雪糕生意比擦鞋强多了，欢喜之余，他在小店附近又开了一家小店同样是卖雪糕。生意一天比一天好。后来，他干脆不擦鞋了，专门卖雪糕。并将父母接到城里给他看摊，还请了两个帮工。从此，法兰克开始经营雪糕生意。

如今法兰克的"天使冰王"雪糕已稳居美国市场的领导地位，拥有全美 70% 以上的市场占有率，在全球六十多个国家拥有四千多家专卖店。

巧的是，在落基山脉附近的比灵斯也有一位年轻人，他叫斯特福，他跟法兰克几乎是同时到达芝加哥。斯特福的父亲是位富有的农场主。农场主送自己的儿子上了大学，还读了研究生。他希望自己的儿子能成为一位大商人。就在法兰克拿着刷子在大街上给别人擦鞋的时候，斯特福正住在芝加哥最豪华的酒店里进行自己的市场调查。耗资数十万，经过一年多时间的周密调查和精确分析，斯特福得出的结果是：卖雪糕。而法兰克此时已经拥有了数家雪糕专卖店。

当斯特福将自己调查的结果告诉父亲时，农场主气得差点晕倒。他怎么也想不到他的研究生儿子眼光居然短浅到了卖雪糕的程度。斯特福经过再次对市场的精确调研后，还是觉得只有卖雪糕才是最好的生意。又过了一年，斯特福终于说服了自己的父亲准备打造雪糕连锁店。此时法兰克的雪糕店已经遍布全美。最终斯特福无功而返。

世界上没有哪个成功是只通过周密的计划就可以得来的，而是一步一步通过实践得来的。

丑树

感动 文

不知从何时起，山坡上就长着一片树林。

一年四季，树林里都充满着生机与活力，树木之中，有伟岸粗壮，直刺天空的青松；有亭亭玉立，隽秀挺拔的白桦；也有的枝条婀娜，绿叶成阴的垂柳……而只有走近仔细看，才可以看到在树林的一个角落里，还有一棵不起眼的小树。

这是怎样的一棵树呢？从高度上来看，它生得实在是太矮了。这一点，可以从它身边那些高过它的狗尾草的高度得到验证。它需要仰着这些草的鼻息，才能得到一点有限的阳光、一块不大的天空。

再看看它的形体，更是生长得怪异无比。它的皮肤粗糙，并不规则地皲裂着，看上去显得沧桑老迈；它的枝条很稀疏，总共只有两三枝吧，还不对称地斜逸盘曲着，每根枝上只长着几片可怜的树叶，而且每片叶子都呈现出营养不良的枯黄色。

谁也不知它是一棵什么树，于是，身边的那些同伴就依其形貌，称其为“丑树”。

虽然说林子大了什么树都会有，但同伴们还是不能容忍身边有这样一个丑陋的家伙。它们认为，丑树的存在，影响了整片树林的形象。所以，它们对丑树从来都是不屑一顾的，丑树在树林里也是从来没有话语权的。除非有哪棵树不高兴了，骂丑树出出气；或哪棵树实在无聊了，把丑树当成揶揄的对象。

但丑树却一直视同伴们的做法为耳边的风、眼前的云。它在想，尽管自己生得丑陋，但也是一棵树，它更坚信着天生我材是必然有用的；无论如何，每一棵树都应该会有属于自己的生活的。

直到有一天，打柴的人们终于来到了这片树林里，看着刀光斧影，树们知道，一场不可避免的劫难来到了。人们在树林里挑选着，结果是那些最高大、最粗壮的树木首先倒下去了，因为它们可以被劈成更多的柴火。接下来，又有一些树木倒下去了。没过多久，贪婪的人们便伐光了整片林子。但是，直到最后，也没有人去看一眼那棵丑树。于是，光秃秃的山坡上便只剩下这棵丑树了。

丑树在感叹同伴们被人类砍伐做柴的同时，也担心着自己那未知的命运。

那一天，终于到来了。那是一位园艺学家，他偶然看到了丑树，那一刻，他禁不住欣喜若狂，在他看来，这世界上再也找不出一棵同样奇特的树。无论高矮，还是枝杈的布局，它都呈现出一种难以形容的艺术之美。也许，它将会成为这世界上最美的一盆盆景……

园艺学家小心翼翼地将丑树挖掘出来，然后将它移植到一个大花盆里。作为一盆盆景，它被摆放在一个阳光充足的大展厅里，每天，前来观赏它的人络绎不绝。

面对那些欣赏赞叹的目光，丑树笑着流下了眼泪。

世上没有白吃的苦

日子飞快流逝，牧马的孩子因为在马背上身手矫健，被主人相中做了护卫。再后来，他投身军旅，纵马驰骋，成为闻名一时的将军。

草原上的错觉

星竹 文

去年秋天，我和家人到坝上草原去玩，辽阔的草原一望无际，粉色、紫色的小花开得水灵艳丽。太阳暖得很，蓝色的天空如海洋一样清澈。就在这时候，坡地上突然有人喊：“看，雄鹰！”所有的人都抬头仰望。果然，天空中飞翔着两只雄鹰。

许多人拿出照相机，想将雄鹰拍摄下来：蓝天、白云、雄鹰、绿色的草原，这是多美的一幅画啊。

但很快，大多数人都放下了照相机。有人叫了起来，那不是雄鹰，是两只风筝。还有人根本看不清楚它们到底是什么。我们正好驱车要去湖边，于是沿着公路向天空中的这两只雄鹰驶去。

不管它是雄鹰，还是风筝，我们离它越来越近了，它正盘旋着向下飘来……我们终于看清了，它既不是雄鹰，也不是风筝，而是两只黑色的塑料袋，我们全都笑了。

其实从一开始，许多人就看出了它什么都不是，但在如此美丽的地方，人们很自然地就想到了美好的一面：雄鹰，或是风筝。

人们怎么会把普通的塑料袋当做了雄鹰。这使我想到心理学家所说的：我们许多时候的看法并非真实，而是我们的感官所为。我们的感官会把我们看到的东西强化为另一种事物或景象，这种现象，在人的一生中举不胜举。

只是我们不要轻易地忽略掉它的真正来源——是出自我们内心的某种体验。科学实验证明，当我们的心情处在喜悦的时候，我们的眼睛就会把不美的现象变成美的，把不好的东西变为好的。而当我们的内心处在不悦的时候，眼睛则会把美的事物变成丑的，把好的东西变为不好的。或美或丑，它们逼真得近在眼前，与我们的内心感受遥相呼应，而全然不顾事实的真相。

让心情好起来，时时保持着愉快的心态，我们的内心就会涌入大量的美。人活一辈子，活的就是一个心态。保持良好的心态，往往比客观世界更为重要。

世上没有白吃的苦

赵功强　文

大漠上，某位王公有大量的马匹和羊群。一个牧童显然不够，于是他又找来两个穷人家的孩子。

主人安排瘦弱一点的那个孩子放羊，另一个强壮的孩子牧马。因为马的食量大得惊人，牧马要跑很远很远的路，而且马的性子又暴烈，牧马显然要比放羊艰难。可是，强壮的孩子命令瘦弱的孩子去牧马。瘦孩子本来一点也不情愿，可是，瞧瞧同伴健壮的身板和露出凶光的双眼，他只好答应。

回家后，满腹委屈的瘦孩子把事情对母亲讲了。母亲安慰他："孩子，你可能从此要比同伴多吃一些苦。可是，一个人吃苦不会是无缘无故的，有的人是在为今后的幸福付出。所以，你不要为吃苦而抱怨。"

懵懂的少年对母亲的说法一知半解，但想到现在吃苦是为了今后的幸福，他不再为自己的工作烦恼。

从此，他每天要跑近百里的路到草原牧马，为了看好马群，他被马踩伤过，从马背上摔下、被暴雨淋湿、饿肚子更是家常便饭。与此同时，他的同伴只要将羊群赶到离住处不远的地方，就可以躺在草地上晒晒太阳，或者睡大觉。就在这样艰辛的日子里，瘦孩子一天天健壮起来，骑马的技术也越来越好。

日子飞快流逝，牧马的孩子因为在马背上身手矫健，被主人相中做了护卫。再后来，他投身军旅，纵马驰骋，成为闻名一时的将军。瘦孩子早年吃的苦终于换来了好结果。他那放羊的同伴，到死都只是一个羊倌。

世上没有白吃的苦。每吃一份苦，你就为自己未来的成功和辉煌积攒了一点儿本钱。

只要你付出了，就会有回报的。没有白吃的苦，没有白流的汗。

沥青湖的诱惑

沈岳明 文

在加勒比海的东南端，有一个叫巴哥的小岛，岛上有一个面积仅 0.47 平方千米的小湖。同一般的湖泊不同的是，这个湖表面平坦，上面覆盖了一层硬化了的沥青。原来，由于地壳运动，岩层破裂，地下石油和天然气溢出，并通过裂隙，涌进死火山口，满溢成湖。最后，油气挥发，残渣成为沥青。这个以盛产黑乎乎的天然沥青闻名于世的小湖，被人们称为“沥青湖”。

令科学家们感兴趣的，不仅仅是沥青湖奇特的形成方式，还因为沥青湖每年都要“吃掉”大量动物。其中有狮子、老虎、豹子等体形较大的动物，也有狐狸、狼、鬣狗，甚至是水鸟等体形较小的动物。经过长时间的跟踪拍摄，科学家们终于为世人揭开了这个谜底。

每年随着季节转换，沥青湖呈现出不同的样子。雨季到来，雨水积在湖面上，显得碧波荡漾；旱季降临，水被蒸发掉，沥青被晒干，只有在凹处还留有一些水坑，水坑中有水草，偶尔还能找到小鱼。这样便引来了喜欢吃小鱼的小鸟。一只鸟吃饱了小鱼，准备站在湖面上休息，结果被沥青粘住了双脚，鸟越挣扎，沥青便粘得越紧，终于，小鸟不再动弹。不久，鸟被机灵的狐狸发现了，为了吃到可口的鸟肉，狐狸不顾一切地冲了过去，结果狐狸也被沥青粘住了。

狐狸越挣扎，沥青便粘得越紧，最终狐狸倒在了沥青湖里不再动弹。嗅觉灵敏的鬣狗和狼几乎同时发现了死去的狐狸。为了争抢猎物，鬣狗和狼在沥青湖面恶战了一场，结果都被沥青湖牢牢地粘住了。在食物奇缺的干旱季节，当豹子、老虎、狮子们发现这么多的猎物时，再也忍不住了，冲过去一饱口福，结果无一例外地丧生于沥青湖。

尽管每年都有大量动物死于沥青湖，但仍然有很多动物前赴后继地朝沥青湖奔去。原因都是经不住那湖里美味食物的诱惑。在这个世界上，对人的诱惑实在太多了，其中很多诱惑就像沥青湖一样致命。虽然很多人明白这个道理，却很难管住自己奔向“沥青湖”的双脚。

快乐就藏在身后

马德 文

一天，一个心情烦恼的人，百无聊赖，信步走到河边。见水中有一尾鱼正活泼地游来荡去，于是凑上前，愁容满面地问："小鱼儿，你因何如此快乐呢？"

小鱼儿一面上下游动，一边微笑着说："这里有这么一片宽大而自由自在的水域，我能生活在其中，怎么会不快乐呢。"

那个人接着说："水中到处都潜藏着危险，随时可能遇到可怕的敌人，你不为这个而忧愁吗？"鱼儿又笑笑，说："但我所想的是，这里到处是朋友。"

后来，这个人再往前走，又看到一位老者，长髯飘飘，手舞足蹈，缓歌而过。

于是他又上前问："老人家，您为何如此快乐？"

老人朗声回答："天地之间，以人为尊，我生而为人；星辰之中，唯日月灿烂，我能和它们早晚相伴；百草之中，五谷最养人，我能终生享用。我为何会不快乐呢？"

这个人继续向前走，走着走着，遇到了上帝，于是他又问上帝：“我如何才能学会快乐呢？”上帝不语，却带他来到一个地方，然后，上帝才说：“这里是地狱，你看看地狱的人是什么样子。”

他们进入一个房间，许多人正围着一口煮食的锅而愁眉苦脸，锅中的食物翻腾着香气，他们手里都有汤匙，但由于那汤匙的柄太长，而没法把食物送到自己的嘴里。

正在他纳闷之际，上帝又领着这个人来到了天堂，还是一间相同大小的房间，还是一群手里各自拿着一把汤匙的人，也围着一口香气四溢的锅，所不同的是，这里的每一个人都有说有笑，十分开心。

这个人不解，于是问上帝：“为何这里的人们如此开心呢？”

上帝微笑着，说：“难道你没有看见，这里的人都学会了喂对方吗？”

这个苦恼的人终于找到了“快乐”的答案。

在自我的心灵里，多往明媚处想，不被生活的阴霾所笼罩，你就会拥有一颗快乐的心；在与别人的交往接触中，处处想着去关怀和帮助别人，就会在别人的温暖中，体会到生活的回赠与快乐。

实际上，只要我们自己不绕进人生的死胡同，只要我们始终让自己站立在生活的阳光中，快乐就会像影子一样，永远顽皮地跟在我们身后。

沙漠之路

李雪峰 文

在一片茫茫沙漠的两边，有两个村庄。要到达对面村庄，如果绕过沙漠走，至少需要马不停蹄地走上二十多天；如果横穿沙漠，那么只需要三天就能抵达。但横穿沙漠实在太危险了，许多人试图横穿却无一生还。

有一天，一位智者经过这里，让村里人找来了几万株胡杨树苗，从这个村庄，一直栽到沙漠那边的那个村庄。智者告诉大家说："如果这些胡杨有幸成活了，你们可以沿着胡杨树来来往往；如果没有成活，那么每一个行者经过，都将枯树苗拔一拔，插一插，以免被流沙给湮没了。"

结果，这些胡杨树苗栽进沙漠后，全都被烈日给烤死了，成了路标。

沿着"路标"，这条路大家平平安安地走了几十年。

一年夏天，村里来了一个僧人，他坚持要一个人到对面的村庄去化缘。大家告诉他说："你经过沙漠之路的时候，遇到要倒的路标一定要向下再插深些，遇到就要被流沙湮没的路标，一定要将它向上拔一拔。”

僧人点头答应了，然后就带了一皮袋水和一些干粮上路了。他走啊走，走得两腿酸疼浑身乏力，一双草鞋很快就被磨穿了，但眼前依旧是茫茫黄沙。遇到一些就要被沙子彻底湮没的路标，这个僧人就想：“反正我就走这一次，湮没就湮没吧。”他没有伸出手去将这些路标向上拔一拔。遇到一些被风暴卷得摇摇欲倒的路标，这个僧人也没有伸出手去将这些路标向下插一插。

但就在僧人走到沙漠深处时，静谧的沙漠蓦然飞沙走石，许多路标被湮没在厚厚的流沙里，许多路标被风暴卷走了，没有了踪影。僧人像没头的苍蝇似的东奔西走，再也走不出这大沙漠了。在气息奄奄的那一刻，僧人十分懊悔：如果自己能按照大家吩咐的那样做，那么即使没有了进路，还可以拥有一条平平安安的退路啊！

是的，给别人留路，其实就是给我们自己留路。

5秒可以赢5分吗

朱晖　文

如果有一场篮球赛，时间只剩下最后5秒，而你方必须要再赢下对手5分才有望晋级，你绝望吗?

在一场欧洲篮球锦标赛中，保加利亚队就遭遇了这样的情况。当时，根据小组赛各队的胜负和得分情况，保加利亚队必须净胜捷克队7分才能出线。比赛开始后，两队旗鼓相当，拼得你死我活，当比赛还剩下5秒种即将结束的时候，保加利亚队领先2分。但是，他们必须还要赢下5分。

稍有篮球常识的人都知道，这是不可能完成的任务。因为即使你用最短的时间投进3分，而对手还有一次控制球权的机会，消耗掉剩余几秒简直易如反掌。

现场的观众已经开始陆续离场，捷克队员的眼神中也流露出胜利的喜悦。这时，保加利亚队的主教练行使自己的最后权利，果断请求暂停。电视解说员不无戏谑地说："真不知道此时暂停意义何在，难道世上真的存在起死回生的战术吗！"暂停时间极其短暂，教练只是简单地向球员交代了两句，比赛继续开始。

两位保加利亚队员从底线开球后，然后将球带向中场。捷克队员已无心恋战，全部退回到自己的半场，唯一想做的就是在防守中消耗掉转瞬即逝的 5 秒。这时，令人目瞪口呆的一幕发生了。带球的保加利亚队员突然转身，大步飞奔，纵身一跳，将球狠狠地扣进了自家的篮筐！在一片惊呼声中，裁判的终场哨声响起，比赛结束了，双方战成平分。

到底发生了什么？保加利亚人疯了吗？观众议论纷纷。直到加时赛开打的时候，所有人才恍然大悟，原来，保加利亚人利用反常规的做法，赢得了加赛 5 分钟的宝贵时间。接下来，保加利亚队势不可挡，连连得分。捷克队呢，队员似乎仍然没有从刚才那奇特的一幕中清醒过来，士气低迷，毫无斗志，被打得只有招架之功。结果，保加利亚队一举超出对手 7 分，顺利出线。

赛后，记者采访保加利亚队的教练，问他缘何想到如此高招。老头儿笑呵呵地说：“经验是个好东西，它会让你不去冒险，减少弯路；但经验又不是好东西，它会告诉你不可能，让你不勇敢。在特殊的情形中，当别人都被经验所束缚时，你却用逆向思维去超越经验，就会创造奇迹。”

种在墙角的南瓜

尤培坚 文

一个周末，我带着女儿，到老家院子边的一块小菜地里种南瓜。我整好了菜地，把几棵南瓜苗种了下去，然后给南瓜苗培好土、浇好水，就准备带着孩子回家。

女儿却挣脱了我的手。她从地上捡起一棵南瓜苗，对我说："爸爸，这里还有一棵没有种啊。"我看了看菜地里的南瓜苗，摇了摇头，微笑着告诉她："地里的南瓜已经种得够多了，不能再种下去了，不然南瓜就长不好了。"可是，孩子却撅起小嘴，显得十分不开心。她说："爸爸，你要是不把这棵南瓜苗种下去的话，它会伤心的。"

为了不打击女儿的爱心，我就让她在墙角找了个地方，把那棵南瓜苗种在了墙角。那个墙角凹凸不平的，有很多瓦片和小石头，我草草地把南瓜苗压上土，随手浇了点水，就带着孩子回家了。

由于连续几个月下小雨，我就没有到小菜地里给南瓜苗浇水。一天，我突然想起老家院子旁的那些南瓜，就来到南瓜地里想摘几个南瓜吃，开开胃。可当我看到地上密密麻麻的藤蔓时，不禁愣住了。原来，由于我没有细心照料南瓜苗，那些南瓜的藤蔓爬得到处都是，而且菜地里杂草丛生，根本就看不到南瓜。没办法，我只好挽起衣袖，拨开草丛，到地里摸索起来。找了大半天，我只找到了两只颜色依然青翠的畸形南瓜。

“唉！”我抱着两只不成样子的南瓜，叹了一口气。

这时，女儿从幼儿园放学后也赶来了。她看也不看我手里的南瓜，径直奔向墙角的那株南瓜苗。这时我才看到，那堵经过岁月洗礼的老墙，已经爬满了绿油油的南瓜蔓。

眼尖的女儿一眼就看见一个开始泛黄的大南瓜。她指着那个大南瓜，大叫起来：“爸爸，快来看啊，大南瓜啊，一个大南瓜！”我也欣喜地奔了过去，抱起了墙角的大南瓜。

我和女儿经过细心寻找，在老家的那个墙角边，一共找到了五个成熟的大南瓜。抱着大南瓜，我的心里乐开了花。

想不到，在布满瓦片和小石头的墙角，一棵南瓜苗竟然能顽强地活下来，在艰难的环境里，它不仅茁壮地成长，而且结出了丰硕的南瓜。我突然想起美国小说家海明威曾经说过的一句话：“生活总是让我们遍体鳞伤，但到后来，那些受伤的地方一定会变成我们最强壮的地方。”

看来，生活中处处充满哲学啊。

别往他人心上钉钉子

田野 文

有一个男孩的脾气很坏，动不动就生气、骂人，为此得罪了很多人，他自己也很痛苦。一天，父亲给了他一袋钉子，并告诉他，每当你想发脾气的时候，就往后院的篱笆上钉一颗钉子吧！

男孩点头同意了。

第一天，这个男孩在篱笆上钉了 37 颗钉子；第二天，他钉了 29 颗钉子；第三天……渐渐地，男孩每天钉的钉子数量越来越少了。因为他发现，控制自己的脾气要比钉那些钉子容易些。

终于有一天，这个男孩再也不会因为失去耐性而乱发脾气。他高兴地告诉了父亲，父亲说，那好，从现在开始，每当你能够控制住自己的脾气时，就拔出一颗钉子吧！

时间日复一日地过去。一天，男孩欣喜地告诉父亲，自己终于把篱笆上所有的钉子都拔出来了。

父亲拉着儿子的手来到后院，指着篱笆对他说："你做得很好，我的好孩子。但是你看看这些篱笆上的小洞，它们将永远不能恢复成从前的样子了。你生气时说的话，就像往别人心上钉钉子一样，不但令人难受更会留下疤痕；如同你拿刀子捅别人一刀，不管你说了多少次对不起，那伤口将永远存在。孩子，要管住自己的嘴啊！"

这是我在一本杂志上读到的故事。最初，我还没太在意，以为这不过是某些人编造出来的小故事，教育孩子不要乱发脾气而已。然而，当我静下心来仔细品读时，却越来越觉得这个故事的寓意不只如此，甚至远比故事本身还要深刻得多。

诚然，在人和人的交往中，有时候语言给人带来的伤害，确实如同真实的伤痛一样令人无法承受。古语也曾说过：好话一句三冬暖，恶语半句十日寒。但是，又岂止语言能伤害人呢？生活中，你对他人的轻蔑眼神和无端嘲笑，甚至交往中你对他人的猜疑、嫉妒、冷漠、不友善……是不是都相当于往别人的心头钉钉子？而当伤害别人后，你的无动于衷，你的冷漠、淡忘，又何异于往别人的伤口上撒盐？！

想想，真是有些后怕，在曾经走过的岁月中，我在不经意间往别人的心上钉了多少颗钉子？我是否已经用自己的真诚和努力，拔去了很多钉子？而那些留在别人心上的伤痕，是否还在隐隐作痛？

一生中，我们要和很多很多的人打交道，我们不愿意被别人伤害，当然更不应该伤害别人。那么，就让我们每个人都从自身做起吧，记住：别往他人心上钉钉子！只要人人都献出自己的真诚、善良和宽容，这个世界就会变成美好的人间！

红眼苍蝇和蚂蚁

矫友田 文

烈日炎炎，一只红眼苍蝇飞进一家酒店里美美地饱餐一顿之后，便飞到一棵梧桐树下乘凉。忽然，它发现一只蚂蚁在滚热的地上，忙忙碌碌地寻找着东西。

红眼苍蝇有些不屑地问：

“喂，小蚂蚁，你在忙什么呢？”

小蚂蚁抬头看了看，原来是一只大腹便便的红眼苍蝇在朝它说话，便有礼貌地说：“哦，是您呀，我在寻找食物。”

那只红眼苍蝇听了，得意地说：

“可怜的小蚂蚁，你的一生多么卑贱。只是为了一点果腹的东西，竟然需要如此忙碌。你看，我的生活多么幸福和惬意啊！我有一双万能的翅膀，飞到哪儿便吃到哪儿。刚才，我还饱餐一顿海参哩。哦，那些美味，恐怕你做梦也想象不到。”

那只蚂蚁听了红眼苍蝇的讥讽，并没有跟它争辩，而是转身寻找食物去了。

此时，那只红眼苍蝇一边用爪子摸着油乎乎的嘴巴，一边看着另外一些蚂蚁衔着一粒草籽或一粒饭渣，忙碌地从它身边经过。

又一天，红眼苍蝇没有机会进入酒店，便在路边的垃圾堆里凑合吃了一顿。它又碰到了上次遇见的那只蚂蚁。

那只蚂蚁不知从什么地方找到一小块巧克力，它正费力地朝洞口拖。

红眼苍蝇垂涎欲滴，问道："你今天真走运，从哪儿捡来如此香甜的美味？"

蚂蚁顾不上搭理它，仍然努力地将那块巧克力往洞口拖。

此时，那只红眼苍蝇十分诧异地问：

"你这个愚蠢的家伙，好不容易才找到如此香甜的食物，你为什么不将它拖到一个偏僻的角落，独自享用呢？"

这个时候，蚂蚁放下那块巧克力，稍微喘歇一会儿。然后，它朝那只红眼苍蝇反问道：

"你认为独自享用有意义吗？"

红眼苍蝇被蚂蚁问得目瞪口呆。

秋风渐渐地凉了。

一阵冷风吹来，树上的叶子飘飘悠悠地落下来。那一只红眼苍蝇又飞到了树底下，这一次它不是为了乘凉，而是为了躲避冷风的侵袭。

蚂蚁从洞里爬出来，在树底下悠然地踱着步子。

红眼苍蝇冷得瑟瑟发抖，羡慕地问道：

"你在做什么呢？"

蚂蚁告诉它说：

"冬天就要来了，我这是今年最后一次出来看一看外面的世界，然后就待在家里过冬了。"

红眼苍蝇愈加羡慕地说：

“你们家里一定很温暖吧？现在，我都快要冻死了。”

蚂蚁同情地说：

“你们苍蝇不懂得付出，自然不会有好结果了。”

蚂蚁说完，便钻回洞里过冬去了。

没过几天，那只红眼苍蝇便被冻死了。

一个贪心太重，只知道坐享其成的人，很难有好的结果。只有那些懂得辛勤付出的人，才会有机会赢得充实的人生。

“吝啬”的猕猴

沈岳明 文

法国的新喀里多尼亚岛，是一个猕猴的天堂。

有一位叫邦尼特的当地导游说，驯化野生的猕猴，要花很多精力。猕猴生性多疑，一见有人接近，就会呼啦一下子逃得无影无踪。人们只得选择深秋到初春这段时间来驯化猕猴，因为这时山上的野果稀少，猕猴一般都处于半饥饿状态，可以用食物来接近猕猴。

在掌握了猕猴群体活动的规律后，再选择猕猴最熟悉、最爱吃的食物，每天定时、定点地投放。直到它们被食物所引诱，每天来吃，形成习惯后，工作人员便可以站在稍远的地方，既让它们看见，又不至于惊动它们。这样对望了一段时间，让它们对人类不再有恐惧感后，就可以公开投放食物了。

公开投放食物时，可以固定信号，如吹哨子、大声吆喝，这样坚持一段时间后，只要发出信号，猕猴便会立即争先恐后地来采食。一般情况下，一群野生猕猴要与人类成为朋友，大

约需要半年到一年的时间。而让它将你视为敌人，则只需要不到一分钟的时间。

以前，这里有一位叫波阿西的工作人员，她是一位驯化猕猴的专家，可是一不小心犯了一个足以让她悔恨一生的错误。为了满足女儿的要求，在她生日那天送一只假猴子给她当礼物，波阿西将一只猕猴捉住，并在猕猴的身上拔下了几根猴毛。结果，那些猕猴再也没有吃过她投放的任何食物，只要一见到波阿西，猕猴们便会尖声惊叫，互相提醒危险来临。波阿西怎么也想不明白，一直得到她无微不至关照的猕猴们，竟然连几根猴毛也如此吝啬。后来，波阿西不得不被迫辞职，离开了那些她曾经相处了多年的猕猴。

邦尼特说：猕猴的性格跟人类十分相似，它们可以接受大自然给予的任何灾难，却无法忍受来自朋友的细微伤害！

赚千年以前的钱

一切就绪以后，亨肖又亲自写了如下的一段广告词：“巴尔是一个小镇，没有什么名胜，但却有一个对您开放的罗马时代的古澡堂！”

大象崛起

云弓 文

丛林里，一头快速成长的小“猪”引起了兽类们的注意。起先，它们只是忙着争夺各自的地盘，没有太留意这样一头“猪”，或许它们是嫌它还不够肥壮，期望有朝一日，当它膘肥体壮时再去瓜分它。

首先发现问题的是狐狸。它发现这头“猪”越来越特别，身体迅速壮大，鼻子非常长，突然，狐狸意识到这不是一头猪，而是一头传说中的大象。

第一个吃到苦头的是狼。狼认为，一头猪无论多强壮，它注定都是食肉动物的盘中餐。它靠近对方，发起进攻，结果被对方踩断了脊梁。这时，所有的兽类都明白了，这不是一头听任宰割的猪，而是一头真正的象，一头年轻的、正在迅速成长的象。

狐狸向狮子发出警告，象已经伤了狼，很快，它将挑战狮王的统治，与狮王分庭抗礼，甚至会独霸丛林。

狮王开始忧虑，兽类们感到了前所未有的威胁。

“它会吃光整个丛林里的植被。”“当它足够大，它会踩死所有的小动物。”“最终，它将和狮王摊牌，一场决斗不可避免。”

兽类们开始散布种种猜测，并想方设法干扰象的生活。

“它的腿根本就不足以支撑它的身体。”“随着它体重的增加，它必然会被自己压垮。”“它不可能无限成长，它最终也只不过是一头比较大一点的猪。”

在兽类的怀疑和担忧中，小象终于长成了伟大的大象。它没有被自己的体重压垮，也没有向狮王发出挑战，它没有和兽类争夺地盘，甚至也没有欺负任何小动物，它仍然是一个食草动物，一个伟大的食草动物。只是在它成长的过程中，它的确也经受了很大的考验，它的鼻子曾将试图袭击它的狐狸扔得很远；它的巨蹄，曾经踢伤了挑衅的狮王；它坚强的皮肤，阻挡了兽类们一次次的偷袭。这是一头谁都别想欺负的大象，但它却并不具备侵略性。

食草动物的本性决定了，大象的崛起注定是一种和平的崛起。如果说这种崛起也是一种威胁，我想，它威胁到的应该是兽类们肆无忌惮、为所欲为的欲望。

麻烦自有妙处

感动 文

生活中处处都少不了麻烦，这些麻烦常常令人不舒服、反感甚至苦恼。但是仔细品味麻烦，还可以发现一些生存的道理。

祖父曾讲过东北农村的一个旧俗：有行路人讨水喝时，主人总会舀一瓢清凉的井水奉上，但口渴难耐的行路人接过水瓢时却总会发现，水上漂着一层草末或米糠。这让行路人在喝水时很费力，必须吹开水上的杂物，喝上一小口，再吹开，再喝一小口。

原本清澈的井水，却被撒了草末和米糠，表面看来，是施水于人的主人心存不良，但是行路人却要因此感谢主人。原因是行路口渴的人，突然见到清冽的凉水，往往会禁不住诱惑暴饮而下，冷热交加，会造成胃肠痉挛，严重者会危及生命。

谁会想到，这些漂在水上的“麻烦”，其实是一种保护和关爱。

每到夏天，北极大陆边缘便蚊蝇肆虐，因纽特人饱受蚊虫叮咬，蚊虫，成了他们生活中最可恶的麻烦。但是，因纽特人不但不反感这些蚊子和苍蝇，却要视这些蚊虫为神物。

原来，蚊虫在叮咬因纽特人的同时，也在骚扰着草原上的驯鹿，驯鹿无法忍受叮咬，就纷纷奔向寒冷的北部。因纽特人熟知这一规律，便在鹿群行经处设置陷阱，捕获它们，晒制肉干，这样，他们一年的口粮便无忧了。

对于因纽特人来说，叮咬他们的蚊虫是可恶的麻烦，但更是他们赖以生存的力量。

小兴安岭盛产一种叫毛榛的坚果。榛树是一种灌木，其中一种生满尖刺，另一种却光滑无刺。林中的桦鼠喜食毛榛。带刺榛树上的毛榛很小，桦鼠在采食时，须小心翼翼，以躲避锋利的尖刺，而不带刺的榛树往往长得高大，果实也个大饱满。但是，桦鼠却宁可披荆斩棘，也对另一种毛榛视而不见。

桦鼠为什么不怕麻烦，舍易取难？人们发现了这个谜底：因为不带刺的毛榛树没有危险，树丛中也就栖息着蛇、獾等其他动物。而这些动物是桦鼠的天敌。对于桦鼠来说，到不带刺的毛榛树丛中去，其实是步入险境，而带刺的毛榛树虽然给它造成了麻烦，却也成了它免受伤害的保护伞。

毛榛树上的麻烦，看似伤害，实则是一种保护。

总期盼生活尽善尽美，而美好与麻烦却是一对孪生兄弟。人们因此诅咒麻烦，想摆脱麻烦，却忘记了，那些令人讨厌的麻烦，恰恰也是造物主给予的恩赐与庇护，因为它们存在，万物才会得享生存之美好。

下降两厘米

陈胜　文

清晨，在山中，一条河流静静地流淌。

有一只苍蝇在河面上方飞旋，离河面仅差几厘米。水下有一条小鱼，它想，如果苍蝇再飞下来两厘米，我就可以跳起来吃掉它了。在岸边潜伏着一只熊，它心里想着如果苍蝇飞下来两厘米，那条小鱼就会跳起来吃掉它，而我就可以冲过去好好地享受一顿美餐了。在河流附近，一个猎人正藏在高高的草丛里，他静静地看着这一幕，想着如果苍蝇下降两厘米，小鱼就会跳起来吃掉它，熊就会跑过去抓住鱼，而我就可以一枪击中那只熊。

在岸上的一个洞口处，有一只老鼠，它想着如果苍蝇下降两厘米，小鱼就会跳起来吃掉它，熊就会跑过去抓住那只鱼，而猎人就会站出来向熊射击，而我也就有足够的时间去拿走他袋子里的奶酪了。这时，在附近的一棵树上，蹲着一只小猫。小猫想：如果苍蝇下降两厘米，小鱼就会跳起来吃掉它，熊会跑过去抓住那条鱼，猎人就会站出来向熊射击，而那只老鼠就会跑出来偷奶酪，那样我就可以快速地抓住它了。

大家心里都美滋滋的，满怀期待。突然苍蝇下降了两厘米，早有预谋的它们立刻按计划行动起来。鱼跳起来吃掉了苍蝇，熊冲出来一口将鱼吞进了肚子，猎人站起来向熊射击。然而一声枪响打破了所有的宁静，老鼠吓得忘记了奶酪，而猫也忽然失去了平衡，从树上掉了下来。

当我们紧紧盯着人生的诱惑，而在心中做着自认为完美的计划时，我们常常会忘记一声“枪响”所带来的一连串的恐慌。

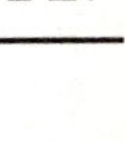

只有一次机会

刘东伟 文

鲍格丹诺夫出生不久，便被父母抛弃了，后来他被人收养，并有了鲍格丹诺夫这个名字，意思是“上帝赐予的”。

或许，上帝特别关照得不到父爱和母爱的鲍格丹诺夫。后来，他遇到了一位射击教练，教练发现鲍格丹诺夫坐在台阶上，目光久久地注视着一个方向，便认为他有射击方面的天赋，于是亲自培养他。但是很快，教练便失望了，当鲍格丹诺夫说出自己的身世后，教练这才知道，鲍格丹诺夫不是精力专注，而是失魂落魄，用通俗的话来说，他是在发呆。

不过，教练不想放弃对鲍格丹诺夫的培养，他坚持每天让鲍格丹诺夫练三百发子弹，对他进行强化训练。谁知，并不见效果。训练场上的鲍格丹诺夫明显是在应付，他只是漫不经心地完成训练课程，根本就不珍惜那三百发子弹的机会。

后来的一天，教练把鲍格丹诺夫带到训练场上，这次，他并没有给鲍格丹诺夫三百发子弹，而只给了他一发。鲍格丹诺夫愣愣地看着教练。教练说：“今天，你只有一次机会，如果射不中靶心，就不许你走出训练场。”鲍格丹诺夫默然半晌，将子弹推进枪膛。他端起枪，又放下，然后慢慢端起，又放下，迟迟不敢射出那一发子弹，最后，他凝神看着目标，足足有十分钟，才扣动了扳机。

“砰”的一声，弹中靶心。

教练欣慰地笑了，之后，他每天只给鲍格丹诺夫一次射击的机会，如果射不中靶心，就要不停地练下去。

1952 年，在第 15 届奥运会上，鲍格丹诺夫获得了大口径步枪 300 米 3×40 项目的金牌，成为苏联第一个奥运会射击冠军。两年后，鲍格丹诺夫在世界射击锦标赛中，囊括了步枪 3×40、自选步枪 3×40、跪射、立射、卧射等多个项目的金牌。

一枚子弹，就是一次机会，当我们拥有大量的子弹时，我们往往会随意地射出它们，这样不但白白浪费一次次的机会，我们本身的技艺也得不到提高。而当我们只剩下一次机会时，还有谁不去珍惜？

赚千年以前的钱

吴作望 文

父亲没有给亨肖留下什么遗产，要有的话，也只是巴尔小镇上的那处古老的房屋。亨肖从小就和母亲生活在伦敦，从来就没去过巴尔小镇。现在他继承了这份遗产，尽管他大学还没有毕业，但他不能不去看看。同时，也想解开埋藏心中的一个疑团：父亲为什么没有把那处古老的房屋卖出去?

这天，亨肖来到冷清的巴尔小镇，因父亲一直雇人看管，经常修缮，老屋还保存着原来的面貌。让亨肖感到吃惊的是，这处古老的房屋竟然是澡堂，有三个泡澡池、两间桑拿房和三间更衣室。而且，澡堂中有被漆过的石膏墙壁、装饰讲究的屋顶瓦片和安装于地板下的供暖系统。

看管人告诉亨肖说，这处古澡堂建于公元 90 年，是当时为罗马士兵提供沐浴的场所，由当地人所修建，后来曾因山崩被埋在地下。10 年前重被挖出后，被亨肖的父亲买下了，原以为能转手卖个好价钱，不料卖了多少次，无人问津。所以，也就一直保留了下来。

“想想也是，在这么一个偏僻的小镇上，买一个废弃千年的古澡堂，有什么用，值吗？”看管人说到这里，叹了一口气，又摇摇头走开了。

亨肖却兴奋了起来，年轻人的眼光总是看得很远。以后的半个月，他往返于伦敦和巴尔镇之间，到博物馆查阅有关资料，请朋友们出主意；然后，雇来当地的一些工匠，将千年古澡堂彻底修复了一番……

一切就绪以后，亨肖又亲自写了如下的一段广告词：“巴尔是一个小镇，没有什么名胜，但却有一个对您开放的罗马时代的古澡堂！”

广告上了电视以后，马上就有了效应，很多人抱着好奇心，开车来到巴尔小镇，领略千年古澡堂的风貌，享受休闲的乐趣时，泡泡澡。小镇也一下变得热闹起来了！

一个废弃千年的古澡堂，父亲屡次没有卖出去，却在亨肖的手上变成了一笔“财富”。

测试实验

陈必铮 文

博士先生牵着三只猴子和一只猩猩走进了实验室。

这实验室四壁都用透明的玻璃做成，三面是密密的玻璃窗，正面有一道敞开的玻璃门。博士先生领着猴子和猩猩从正门进去，解开它们脖子上的锁链以后，自己便迅速从正门退了出来，并且“砰”的一声把那道门也关上了。

一会儿工夫，实验室的四周架起了柴火，噼里啪啦地烧得一片通红。猴子们透过玻璃看见外面熊熊的烈火，一下子乱作了一团。它们先是跳来蹿去，发出尖厉的叫声，继而就都暴怒着，一齐扑向正门。但门已经被关死，猴子们怎样拼命也都无法冲出去，可它们还在发疯般往那道门扑呀撞呀，抓呀咬呀……

猩猩看见猴子没能从正门出去，便不再理会那道门了。它开始沿着四壁转来转去，到处摸索推搡，试图从另外三面找到一个可以突破的缺口。果然，“哐啷”一声，哈，有一扇窗轻而易举地被它推开了。原来窗子虚掩着，压根儿就没关。

不用说，猩猩和猴子都立刻从这个窗口跑了出去。

博士先生不禁哈哈大笑起来。他对自己的实验很满意，说:

“这就是猩猩之所以比猴子高明的证据。因为，它们一个只知道拼命地撞那实际已经关死了的门，而另一个却知道去寻找那隐蔽着的通向自由的窗。”

可怕的忧虑

尹玉生 编译

今年3月，因为工作的原因，我和妻子来到了距家乡400千米远的一座大城市。这使得13岁的儿子斯科特也有机会从家乡那所小规模的私立中学，转到一所拥有数千名师生的规模巨大的名校。从父母的角度来看，这次转校，无疑是一次千载难逢的好机会，名校的师资、环境都远非家乡学校所能相比。我们相信，斯科特一定能够在这所学校里受到良好的教育，这对于他的前程一定会大有裨益。然而，出乎我们意料的是，斯科特并不像我们认为的那样欢天喜地，对新学校充满了期盼和憧憬，相反，他对这次转校充满了抵触和担忧。

“你们到大城市去好了，我哪里也不去，我就和爷爷奶奶留在这里。”斯科特对我说。

“儿子，相信我，这对你绝对是一次好机会，过不了多久你就会明白的。”

“可是，我再也不能见到我的老师、同学和好朋友了。”

“在新学校里，你会有更多的老师、同学，更多的好朋友！”

“那么大的校园、那么多的老师和学生，我却一个都不认识，想一想都让我怕得要命。”斯科特愁眉不展地说道。

最后，斯科特还是极其不情愿地随我们来到了大城市。他一方面被迫做着人生的巨大调整，另一方面仍然在继续着他的抵触：他讨厌面临的一切，就连新城市中许多美好和便捷的地方，也都成了他抱怨的对象。

在入学的前一天晚上，他忧心忡忡地来到我面前，一口气问了我一大堆问题：

“他们会不会欺负一个陌生的同学？”

“他们会笑话我的口音吗？”

“如果老师不喜欢我怎么办？”

……

我竭尽所能地安慰他，鼓励他，给他一个父亲特有的建议：“斯科特，勇敢些，你已经是一个小男子汉了。别再为新学校担忧了，相信我，它并没有你想象的那样糟糕。”

斯科特依旧愁眉不展地回答道：“爸爸，我也想做一个男子汉。但事情没那么简单，想不忧虑真的很难。”

当天晚上，我发现斯科特躺在床上，辗转反侧，几次从梦中惊醒，对新生活的忧虑一直在煎熬着他。

转眼到了4月份。我注意到，斯科特不仅再没有说过任何讨厌新学校一类的话语，而且脸上还时时呈现喜悦之色。“斯科特，”我问他，“你看起来比一个月前好多了，你还在为新学校的生活做调整吗？”

他回答道：“是的，爸爸，但我已经不再为此忧虑了。而且，我有一个重要发现：忧虑本身其实比直接去经历要可怕得多！”

从一根牙签开始的成功

田野 文

他6岁那年，被父亲送到一所戏剧学校，跟着师父学习京剧。一个偶然的机会，他参加了一部电影的拍摄，这使他萌生了当一名演员的渴望。不过，刚开始的时候，他只能给别人跑龙套，在电影中饰演一些诸如死人之类的小角色。但这丝毫没有动摇他心中的梦想。

后来，学会一身好武功的他决定从武术指导做起，他认为这是他接近梦想的最佳途径。那时候，电影圈武行里有一个很有名的人，地位很高，有许多小弟、跟班，于是他想方设法混进其中，算是小弟的小弟。

他尽心尽力地做好每一项工作，甚至默默无闻地扛了两年镜头。为了能让那位武术指导注意到他，当他知道武术指导来片场铁定要经过哪些地方时，他就每天都站在那里，以期在武术指导面前露一下脸，让他看见。

终于有一天，当武术指导来到片场停车的时候，看到了毕恭毕敬站在一旁的他。武术指导问：“你是我的班子里的吗？”他忙点头说是。“那好，你帮我擦擦车吧！”

武术指导终于注意到了他！他心中异常兴奋。武术指导走后，他忙不迭地找来抹布，卖力地擦着那辆车，把它擦得整洁、光亮。但他左看右看，还是不太满意，于是，他找人要来一枚牙签，把车缝里的尘土也剔得一干二净，终于，整辆车从里到外焕然一新！

当那位武术指导回来后，看到自己的汽车和他手中的牙签，非常高兴地说：“好样的，小伙子！你做事这么认真，以后就跟在我身边吧！”

从天而降的幸福感，简直要把他击晕！从那天起，他就每天跟在那位武术指导的身边，每天给他擦车，近距离听他如何给别人做指导……后来，他不但成了那位武术指导身边的红人，更因为出演《醉拳》一片而在全香港一炮走红。此后，他凭借这种做事专注、认真的精神，一跃成为中国电影界首屈一指的武打演员，并成功地闯进了好莱坞。如今，他已是扬名海内外的国际巨星！

是的，他就是著名影星成龙。在接受一位记者采访的时候，成龙回忆了上述那段经历，并开玩笑地说：“我的成功，是从一根牙签开始的！”

在这个世界上，没有人能随随便便成功，但有些时候，成功却是从一些微不足道的细节开始的。它可能是一个突如其来的灵感，可能是一篇引人注意的诗文，也可能是一个赢得别人好感的小举动。换句话说，即便是一根小小的牙签，也能抽枝发芽，结出叫做成功的果实。

舌头

蒋光宇 文

著名寓言作家伊索年轻时曾经当过奴隶。有一天，他的主人要他准备最好的酒菜，来款待一些赫赫有名的哲学家。当菜端上来时，主人发现满桌子上摆的都是各种动物的舌头，简直就是一桌舌头宴。全桌客人议论纷纷，气急败坏的主人将伊索叫了过来问道："我不是叫你准备一桌最好的酒菜吗？"

只见伊索谦恭有礼地回答："在座的贵客都是知识渊博的哲学家，需要靠舌头来讲述他们高深的学问。对于他们来说，我实在想不出还有什么比舌头更好的东西了。"

哲学家们听了他的陈述，都觉得有理，便饶有兴趣地吃起了舌头宴。

第二天，主人要伊索准备一桌最不好的菜，招待别的客人。宴会开始后，没想到端上来的还是各式各样的舌头。主人不禁火冒三丈，气冲冲地跑进厨房质问伊索："昨天说舌头是最好的菜，怎么这会儿又变成最不好的菜了？"

伊索镇静地回答：“祸从口出。舌头会为我们带来不幸，所以它也是最不好的东西。”这句无可辩驳的话，让主人哑口无言。

在不同的时间，不同的地点，对不同的对象，最好的可以变成最坏的，最坏的亦可变成最好的。除了不停的变化是绝对的之外，没有任何事情是绝对的。

你该生长在哪里

陆勇强 文

前一段时间去黄山，发现黄山松大都是矮矮的，树叶扁扁的，长不高。

导游说，黄山每年七成左右的时间是雨季，山顶之上少见阳光，于是松树就很难长高；而在平地上，有阳光雨露，松树不可能那么矮，棵棵可以长成参天大树。

果然，当我行至北海宾馆一带地势较为平坦之处时，看到这里的松树棵棵树干挺直，高度有十几米，与山顶的松树形成明显的对比。

是不是可以下这样的结论，黄山上的奇松其实是一种病态之美，是长不高的无用之材。

与我同去的母亲，看罢黄山上的松树，发出了这样的感慨：树干要是这么扭曲、矮矮的松树长在自家的承包山林里，那定然砍了，变成柴火了。

啊，这样的树，成不了材，留它做啥呢？

看来，不论是人还是物，一定要选对自己的位置。

矮松如果长在黄山，那是奇松；如果长在农民的林场里，那就是废松了。

人生的失败和成功，在我看来，其间的玄机，就在这里。

好未来是预测出来的

保罗校长没有责骂他，而是拉过他肮脏的小手说：“我一看你修长的手指，就知道将来纽约州的州长非你莫属。”他惊呆了。保罗握紧他的手肯定地说：“相信我，孩子！我会看手相的。”

弯腰的哲学

鲁先圣 文

孟买佛学院是印度最著名的佛学院之一。这所佛学院之所以著名，除了它建院历史的久远，它辉煌的建筑和它培养出了许多著名的学者以外，还有一个特点是其他的佛学院所没有的。这是一个极其微小的细节，但是，所有进入过这里的人，当他再出来的时候，几乎无一例外地承认，正是这个细节使他们顿悟，让他们受益无穷。

这是一个很简单的细节，其实我们任何人都可以轻易地做到，但是我们都没有在意，而孟买佛学院做了。孟买佛学院在它的正门一侧，又开了一个小门，这个小门只有 1.5 米高，只有 40 厘米宽，一个成年人要想过去必须学会弯腰侧身，不然就只能碰壁了。

所有刚刚进入佛学院的人，都十分纳闷，宏大的佛学院，有着壮观巍峨的大门可以堂皇地出入，还开这个小门做什么?

其实，这正是孟买佛学院给它的学生上的第一堂课。所有新来的人，教师都会引导他到这个小门旁，让他进出一次。很显然，所有的人都是弯腰侧身进出的，尽管暂时有失礼仪和风度，但是达到了目的。

教师说，大门当然出入方便，而且能够让一个人很体面、很有风度地出入。但是，有很多时候，我们要出入的地方并不都是有着壮观的大门的，或者，有大门也不是随便可以出入的。但是，不论是有大门的府院还是没有大门的地方，一定都有一个小门供人出入。这个时候，只有学会了弯腰和侧身的人，只有暂时放下尊贵和体面的人，才能够出入。否则，有很多时候，你就只能被挡在院墙之外了。

佛学院的教师告诉他们的学生，佛家的哲学就在这个小门里，人生的哲学也在这个小门里。人生的路上，尤其是通向成功的路上，几乎是没有宽阔的大门的，所有的门都是需要弯腰侧身才可以进去的。

暂时的寄人篱下，暂时的委曲求全，都不要丧失信心，因为你是为了度过暂时的逆境，是为了自己光明的未来。

佛桌上开出的花朵

凉月满天 文

我深更半夜被叫起来匆匆赶到保安办公室的时候，这个学生已经在这儿久候了。

陪他久候的，是班上的另外几个学生，两个是他的室友，第三个是劝架的。大家的脸色都好不到哪儿去。

他的鼻血还没擦干净，两名室友，室友甲的左眼睛乌青了一大块，室友乙的右耳朵破了——给咬的。三人打架不遗余力，看来是拳头巴掌一起上，手上、胳膊上都有新鲜的伤口。

原因却是叫人笑不出来的可笑。

就因为他曾经做过一次小偷。上初中的时候，家贫无衣，羡慕别的孩子有名牌运动服，就把人家刚洗过的衣服偷过来穿在身上，却被逮个正着。影响很大，一直到他上了高中还没有消除。室友认为自己正直洁白，不能容忍这样的“败类”和他们同住。

他们把他的皮鞋割破，在他刚打的饭菜里吐上唾沫，衣服刚洗好就给扔进厕所，扫出来的垃圾堆到他的床上……他终于忍无可忍抡起了拳头，他们就等着这一刻，干脆人多欺负人少，一哄而上——青年人的面容，有着鲜活的皮肤和唇色，眼睛里却闪着这样不相衬的光，鄙夷、痛恨、邪恶，心灵扭曲成了麻花。

“为什么不早说？”我问他。他倔强地梗着脖子：“我不怕他们！”

旁边影子一样站在那里的第四个学生开口了：“老师，让他跟我一起住吧。我们宿舍有空床，我和我的舍友也不会嫌弃他。”

他惊讶地扭头看，碰上的是一双平静、坦率的眼睛，澹然无波。

“行吗？”我问他。

他迟疑一刻：“好……吧。”

此后，我就一直看着他，暗中关注。

看着他怎么和那几个新室友在操场上打打闹闹，看着他怎么和他们一起吃饭、一起上课、一起做作业，看着他的成绩像吃了魔药，噌噌朝上涨，半年的工夫，从后十名爬到前十名，一年的工夫，又从前十名爬到第一，到高三毕业，他已经凭着全年级第一的实力，打起铺盖，向复旦大学进军了。我本来是老早就准备好了一腔热血肉麻的话，要开导他直面人生的，却一点没用上，单凭这一点点友爱、温暖和信任，他就直冲云霄了。

他从大学写信来说：

“老师，其实刚开始我一直想退学，觉得学校不适合我，每一分每一秒都是煎熬。你又不了解情况，同学们又因为‘那件事情’敌对我。我也想学习，可是老是心里长草，没有一刻平静。幸亏打那一架，才惊动了您，帮我调换了宿舍，有了新朋友，也有了新结果。要不然，真不敢想象我会有怎么个下

场……”

很多时候，误入歧途并不意味着不能回头，让浪子不能回头的，是一颗颗冰冷的、不肯信任的心。只要宽容如泉，滋润干渴的人间，一切都会改变。

渔夫的选择

赵功强 文

有个富翁出海观光时遇难，被一个渔夫救起。

富翁决定给渔夫一大笔钱作为报答。他想出了两个方案：一个是现在就将自己目前资产的百分之五，大约200万元送给渔夫；另一个是待十年后，将自己那时资产的百分之二十相赠。富翁之所以想到两个方案，是眼下正闹世界金融危机，他想如果恩人选择了获利更多的第二个方案，自己现在就可以多一点儿抗风险和图发展的保障。他带着公证人去见渔夫，把自己的意思说了。

这是天上掉馅饼儿的好事，渔夫自然非常高兴。可是他同时又很为难：按理他要选第二个方案，但他又异常担心，十年后谁知道会是什么样子呢？如果富翁十年后资产严重缩水甚至破产，自己岂不亏大了？选择第一个方案吧，又怕十年后富翁的产业到时又剧增，让自己不甘心。这样左右寻思，难做决断。富翁就让他好好想三天，再作最终的决定。

故事就先讲到这里。若问渔夫最终做出了怎样的选择，且容我稍后交代。现实中，我们尽管鲜能遇到渔夫这样的极其重大的选择，但事实上选择却充斥了我们生活的时时刻刻。打开冰箱，如果有了三种以上的菜，你就得选择究竟做什么菜迎合自己的胃口；打开衣橱，如果里面有三套以上的可选衣服，你就要花一番心思。你要是运气不差，一下子有三五个用人单位等你这把米去下锅，你一定会愁得茶饭不思睡不安神。凡此种种，不一而足。尽管这些选择跟故事中渔夫遇上的不是同一个重量级的，但人们的反应和渔夫也大致差不离，一样的心焦，困惑，心神不宁。

设想一下，如果冰箱里只剩了一种菜，衣柜只有一两件衣服；如果你不是优秀到成为职场香饽饽只是有单位愿意接纳……如果真是这样，哪还有那么多难以选择的烦恼！

看来，选择太多，未必就是好事。就像做选择题，备选项一多，绞尽脑汁不说，做对的概率也极低。鸡毛蒜皮之流的选择一多，就会让人头昏脑涨；碰到百年难遇的好事，且不止一个选择时，又会怎样呢？现在，我可以告诉你渔夫的选择了：他被这两个挠心的选择弄得焦头烂额，神思恍惚，在次日出海时一不留神，弄丢了船桨，因无法有效控制渔船的速度和方向而被突袭而至的飓风骇浪吞噬。他最终丧失了所有的选择权。

两条河流的启示

温暖 文

从青藏高原雪山冰峰间流出的雅鲁藏布江，自西向东慢慢流淌。这时看雅鲁藏布江，它的上游水道分散，湖塘众多；在中游又汇集了一些支流，水量充沛，江宽水深。

从上、中游来看雅鲁藏布江，它同其他河流一样，并无特别之处。但是，当雅鲁藏布江流到喜马拉雅山面前时，被挡住了去路。无奈之下，它不得不由东西走向突然南折，沿东喜马拉雅山脉南斜面拐弯绕行，南下注入印度洋，这样，雅鲁藏布江便被喜马拉雅山硬逼着走了一条马蹄形的弯路。而正是这段弯路，被人们称作为“雅鲁藏布江大拐弯”。

大拐弯处峰险谷深，云雾缭绕，气象万千，江水流急浪高，响声隆隆，壮观异常。人们曾用“高壮深润幽，长险低奇秀”来形容雅鲁藏布江大拐弯的雄奇壮美。这条弯路，不但成了世界上最著名的峡谷，而且又是一条独特的水汽通道，它使印度洋的水汽流过喜马拉雅山，造就了青藏高原东南缘奇特的森林

生态系统景观。

不要拒绝弯路，平坦的通途固然会使我们畅行无阻，但如果行走在弯路之上，我们也许会看到一片更美的风景。

……

提到伊瓜苏河，很多人都没有听说过，因为它只是南美洲的一条并不著名的河流。伊瓜苏河发源于巴西境内，由溪流汇集而成，由东向西平静地流淌，但是，就在伊瓜苏河流到巴拉那峡谷时，它却遭遇绝境：河道突然凭空消失，致使这条平缓的河流一下子跌入几百米的深渊里，支离破碎，化烟成雾。

然而，就是这条绝路，让伊瓜苏河形成了世界最宽大、最壮丽的瀑布——伊瓜苏大瀑布。如今，伊瓜苏大瀑布已成为世界自然景观遗产，每年，来自世界各地的几百万人来观赏它。

绝境并不可怕，行到水穷处，坐看云起时，绝境可能会把我们逼到无路可退，但往往是在绝境，我们才能华丽转身，演绎出不寻常的生命之歌。

拿起清扫心灵的扫把

刘述涛 文

罗伊·格劳伯是美国哈佛大学的物理学教授，也是世界上著名的物理学家，被誉为“量子光学之父”。在他快要过70岁生日的那一年，他获得了诺贝尔奖的提名，可惜，最终他与之擦肩而过。也就是在这一年，他开始怀疑自己对量子光学的研究，开始问自己，是否能够靠着这项研究成果，如愿获得诺贝尔物理学奖。

这样的怀疑和审问对格劳伯来说是致命的。因为格劳伯发现，自己在研究的时候经常出现精力不集中的现象。更可怕的是，格劳伯经常会问助手一个同样的问题：自己是不是真的老了。

正当格劳伯为这种自我怀疑苦不堪言的时候，美国幽默科学杂志《不可思议研究年报》举办的“伊格诺贝尔奖”——又叫“搞笑诺贝尔奖”颁奖活动邀请他参加。格劳伯参加了这个活动，并和科学家们一起自娱自乐、大喊大叫。但当身边有科

学家提到当他们获得真正的诺贝尔奖、走上瑞典颁奖台时的情景，格劳伯心底又涌起一阵阵隐痛。

伊格诺贝尔奖的颁奖典礼结束后，所有人都离开了会场，只有格劳伯一个人呆呆坐在椅子上。他的大脑中还在想着获得真正的诺贝尔奖的事。也许是看到台上太多的纸飞机和颁奖时留下的纸屑，格劳伯不由拿起角落里的扫把，开始清扫起会场来。他一下一下努力地挥动着扫把，看着慢慢积聚起来的纸屑，格劳伯忽然觉得自己的心是那么宁静，他忽然为自己这些日子以来的不安感到好笑。当那些纸屑被格劳伯倒进垃圾桶的时候，他觉得自己的心灵一下子干净了很多、轻松了很多，仿佛心灵上的那些尘埃，随着扫把，一下一下都被扫进了垃圾桶。

第二年、第三年、第四年……已经白发苍苍的格劳伯，每年都准时出现在伊格诺贝尔奖的颁奖典礼上。他往往等不及人们离开，就拿起扫把开始打扫那些零落的纸屑。他甚至在颁奖还在进行的时候就开始清理台下的人投掷上来的纸飞机。仿佛他的眼里，只有纸屑和飞到台上的纸飞机。至于那些奖颁给谁，又是谁上台领奖，都与他无关。就这样，格劳伯一直在伊格诺贝尔的颁奖典礼上当了整整 11 年清扫工。

2005 年诺贝尔物理学奖终于落到了格劳伯的头上。这一年，格劳伯刚好 80 岁。人们以为获得了真正的诺贝尔奖，格劳伯不会再出现在伊格诺贝尔奖的颁奖典礼上了。然而就在这年，格劳伯又站在了伊格诺贝尔颁奖典礼的台上，手中依然拿着扫把。

格劳伯的一名学生冲到台上，想拿走格劳伯手中的扫把，格劳伯却对他的学生说："你以为诺贝尔奖的获得者就不是常人？他们的心灵就没有污垢？你不能拿掉我手中的扫把，你要知道，我在清扫颁奖会场的时候，其实也是在清扫自己的心灵。"

聪明的失误

崔浩 文

20 世纪 70 年代初，在美国，施利茨酿酒公司曾是第二大啤酒公司，仅次于安霍伊泽——布施公司。它的啤酒产销量，在全美啤酒业中有着举足轻重的位置。

施利茨酿酒公司不满于现状，因为它们认为利润太低。为了提高利润，该公司改变了它的酿酒工艺，将生产时间从 12 天缩短为 4 天，大大地减少了生产周期。公司仍不满意，又以添加各种添加剂的方法来降低成本。结果利润出奇的好。此举丝毫没有影响它的销路。施利茨酿酒公司雄心勃勃，在初尝胜利的甜头之后决定再进行一系列的改革，使公司在销量第二的情况下利润上升为第一。

由于啤酒的保鲜期短，所以许多卖不出去的啤酒往往被经销商退回，这是造成利润降低的一个重要环节。施利茨酿酒公司决定进一步延长啤酒的存放期，它在啤酒中增加了一种可以延长存放时间的成分，准备借此大赚一笔。

然而不幸很快发生了。这种可延长啤酒存放时间的成分与早些时候添加的用以降低成本的成分发生了反应，使啤酒看上去像牛奶一样。在消费者的一片“我们喝酒不喝牛奶”的谴责声中，1976 年，这种本意是要存放时间长而使利润高的啤酒被大批回收，同时回收的还有这家公司苦心经营起来的品牌形象。

施利茨酿酒公司由此毁于一旦，从此一蹶不振。

对商家而言，追求利益是永恒的，就如人生要不断地调整自己以获得最大的进步一样。问题是，当“聪明的选择”带来失败的后果时，也许只说明了一个道理：任何人都应该量力而行，应该懂得适可而止的真理，贪心和贪婪永远是人生路途上最大最深最容易让人陷落的陷阱。

但要明白这一点往往需要我们付出痛苦的代价。

偶然岂能复制

朱晖 文

1915年，巴拿马万国博览会在旧金山开幕。此次博览会，各国纷纷推出自家的名酒，中国的茅台酒也首次亮相于国际舞台。

然而，由于茅台酒盛在深褐色陶罐中，包装简陋陈旧，显得土里土气，丝毫没有引起参观者的注意，更没有获得评委的青睐。博览会最后一天，各类奖项一一评出，茅台酒皆名落孙山。中国代表团虽然颇为遗憾，也只好眼睁睁地看着评委们陆续退席。突然，意外的一幕发生了。

不知是谁，无意中打翻了一瓶酒，展厅内顿时酒香四溢。如此馥郁的酒香，众人可谓“闻所未闻”，不禁驻足，踏香寻酒。这才发现，场地拐角的一个陶罐碎裂了，满地流淌的正是中国的茅台酒。评委和参观者们仿佛发现了新大陆，立刻要求打开此前无人问津的陶罐，争相品尝，结果个个赞不绝口，几欲倾倒。虽然当时金奖产品已经评出，但在场评委不约而同地

认定：茅台酒入口甘美、醇厚柔和、口味谐调、恰到好处，是当之无愧的世界最好白酒。就这样，茅台酒被补发了金牌，从此扬名天下。

几十年后，山东某厂家的白酒也受邀到法国的一家商场参加展销会。琳琅满目的商品令参观者目不暇接，一时人头攒动，热闹非凡。遗憾的是，此白酒遭遇了茅台酒当年同样的境遇，备受冷落。或许是受到茅台酒成功案例的启示，厂家的工作人员灵机一动，当众打碎几瓶酒。但是，他们显然不能复制茅台酒的好运，参观者纷纷前来，指责说“浓郁的酒气影响了我们参观的心情”。结果，这家酒厂匆匆收拾残局，讪讪地离去。

为什么同样的举动会带来相反的结局呢？其实，茅台酒凭借它优良的品质、厚重的历史文化积淀，已经注定了迟早要闻名世界，只不过这种必然性需要通过一个偶然呈现出来罢了。山东的白酒不具备“必然”的资本，却生硬地照搬人家“偶然”的幸运，结果不闹出笑话才怪。

平时，我们也会羡慕别人通过一件偶然的事情获取成功，殊不知，这种偶然都是建立在“厚积”的基础之上的，如果只是单纯地复制别人的“薄发”，等待你的只能是又一个东施效颦。

排在最后

英涛 文

表弟没考上大学，他从老远的乡下来到城里，到一家装饰材料店做了不要钱的学徒工，并很快就学会了鉴别各种装饰材料的优劣。同时，他又买了好几本有关家居装饰的书。我教会他使用电脑后，在我不写作时，他就用我的电脑学习做装饰设计方案。

一天，表弟得到了全市最大的一家装饰公司要招聘人员的消息，在我的鼓动之下，他就去了。到了招聘现场一看，应聘人员的队伍排得老长老长，而且在闲谈中，表弟了解到那些应聘的人员最低学历都是大专，而他要学历没学历，要工作经验没工作经验，表弟的心就冷了下来。思索了一会儿后，表弟干脆退出队伍，买了一份报纸，坐在不远处的一条长椅上看起来。等到他把报纸仔仔细细地看完时，队伍只剩下两三个人了，他这才不紧不慢地走过去，排在了最后。

终于轮到他接受面试了，表弟一进去就说："先别问我的

学历好吗？我绝对能胜任工作。不信，我演示给你看。”说着，表弟就随手指着办公室的地板砖说出了它的优劣；又嗅了嗅门上包的板材，说这个产品不符合国家环保标准；敲了敲款式新颖的办公桌，说这是实木而不是压制材料做的。负责招聘的人说奇了，不过你光会分辨材料还不够啊。表弟又说，你给我一套样板房的平面图，我现在就做出设计方案给你看。招聘人员就在电脑上随便画出一个平面图，表弟用十几分钟就做出了一套设计方案。最后的结果是，没有学历也没什么工作经验的表弟被聘用了。

表弟说，如果他排在队伍中间，只要拿不出学历证明来，招聘人员肯定二话不说就会淘汰他，让他后面的人接着考了。他特意排在最后一个位置，背后没有应聘者在等，所以招聘人员才有可能给他时间，让他展现实际才能，他才能在看似没有一点希望的时候，为自己创造机会。

生活中有时排在最后，不是退缩，不是胆怯，而是一种从容的智慧。

好未来是预测出来的

朱晖 文

英国作家查理斯出身贫寒，他自幼酷爱文学也写了不少文章，可惜一直只字未获发表。

一日，查理斯出去散步，待他想记录下一天的心情时才发觉包里的习作本丢了。焦急的查理斯顺着原路往回找，突然发现一个老太太手里正拿着自己的本子，就连忙上前说：

“这本子是我掉的，您能还给我吗？”

“哦，是吗？里面都是什么呀？”

查理斯不好意思地说：“都是我写的一些文章。”

老太太笑了，递还给他：“我刚才看了，文章真的不错。知道吗？我能预测别人的未来，你今后一定会是个作家。”

然而，查理斯并没有将这句话放在心上。他知道自己没那个天赋，也知道对于贫苦的父母来说，早日工作挣钱才是最重要的。

中学一毕业，他就四处寻找工作。令他沮丧的是，他总是

运气不好，每次都因为一点儿小事被辞退。后来，在亲戚的帮助下他进了一家公司做文员。虽然薪金不高，但好歹还算体面。可惜好景不长，公司又倒闭了。

山穷水尽的时候，查理斯突然想起老太太那句神秘的话，难道自己真的适合当一名作家？他暗自思忖。

最后他下定决心开始构思小说。

创作过程十分艰辛，但他一想起老太太的话就会增添无穷的动力。

终于他以自己为原型，把这些年遇到的世态炎凉，把穷人的无奈和富人的空虚用一个个故事表现了出来。小说一发表，立刻受到众多读者的青睐。

成名后的查理斯找到老太太的后人，感激她当年的指点迷津。老太太的女儿瞪大了眼睛：“我的母亲根本不识字！”

还有一个更神奇的故事。

在纽约大沙头贫民窟，生活着一群缺少管教，从小就喜欢旷课斗殴的孩子，罗杰·罗尔斯是这群孩子中最无可救药的，因为他的存在老师甚至无法将一堂课上完。有人愤愤地诅咒他：“恐怕只有他搬进牢房的那一天这里才会太平。”

这天他又旷课，在与社会上的流氓厮混翻过院墙时，恰巧撞到了校长保罗。保罗校长没有责骂他，而是拉过他肮脏的小手说：“我一看你修长的手指，就知道将来纽约州的州长非你莫属。”他惊呆了。

保罗握紧他的手肯定地说：“相信我，孩子！我会看手相的。”

就因为这一句话，他发生了翻天覆地的变化。同伴再喊他打架、逃学，他总是拒绝说：“对不起，我是将来的州长。”

州长要很绅士，他的身上不再沾满泥土，说话不再夹杂污言秽语，而是衣着整洁、彬彬有礼；州长要有学问，他开始挺直腰杆走路，努力学习，奋发进取。

就这样，他成了班主席并考上了美国著名的大学，成了一名出色的政府官员。51 岁那年，他真的当选为美国历史上第一位黑人州长。

给你身边的每一个人都预测一个好未来吧！也许在你一张嘴的时候，你已经成为受人尊敬的“预测大师”。

别把快乐抱太紧

陈亦权　文

坐火车从外地返家，途中经过了某个大站以后，下车的人非常多，车上一下子空下来不少。

大家纷纷如释重负地说："这下可舒服多了！"于是，有的人开始斜躺起来，有的人则把脚从鞋子里抽出来架到对面的座位上。坐在我斜对面的一个年轻人，站起来伸了个懒腰，自言自语地说了句"这样子就快乐了"后，自顾自躺在椅子上睡起觉来了。

车子在下一站的时候上车的人又特别多，于是原来一人占两个位置的和躺着睡觉的人都让出位置给刚上车的人坐。渐渐地，车厢里的人又开始满起来了！在我斜对面那个三人座上躺着的年轻人却始终没有要坐起来的意思。

"小伙子，请问这个位置有人坐吗？"一个四十来岁的农村妇女站在他身边问。

"有人坐的！有人坐的！"年轻人睁开眼扫了一下站在他

面前的妇女，不耐烦地说。

“那先让我坐一下，待会儿那人来了我再站起来行吗？”那妇女依旧心存希望。

“跟你说有人坐的，烦不烦啊？”年轻人提高了一点声量。

那农村妇女就怯怯地站在一边，再不说话了。

“这座位上的人早就下车了，你就让点位置出来给别人坐嘛！”我有些看不过去，就挺身说了几句。

“她的车票上如果写着这个座位是她的，我立马让开，如果不是就少来烦我，我要睡觉了！”他说完后把眼睛一闭再不说话。

这时，坐在我前面的一个大妈冲着那妇女喊：“来，妹子，到这里来挤一挤吧！”说着让同座的两个人往里挤挤，示意那农村妇女坐她那里去。

“妹子，一个人出门啊？到哪儿去呢？”坐下后，大妈关切地问她。

“我去江西。”那妇女说。

“江西好啊！是个好地方！”另一个三十来岁的汉子接过话茬儿说。

就这样，大家你一句我一句天南地北地聊开了，大家开心地说着笑着，满车厢的喜悦气氛。

过了一些时间，也不知道是大家的说笑声影响到那年轻人睡觉了，还是他已经睡醒了，他坐了起来发着呆。看着别人有说有笑的样子，有时候他也会插上句话，但是没有人接他的话，仿佛根本就没有这个人的存在。

就在这些说笑的人里面，有的是两个人的座位上坐着三个人，有的是三个人的座位上坐着四个人，但是很奇怪，没有一个人愿意站起来坐到那个年轻人身边的两个空位置上。

半个小时后到了另一站，小伙子收拾了一下东西离开了座位，而这三个座位也陆续被别的人占领，在我们收拾好行李准备离开的时候，大家纷纷带着笑容互道祝福并道别。

在走近车门的时候，我在不经意间看见一个熟悉的身影，他正蹲在车厢连接处翻看一张破报纸。我这才意识到，原来那个小伙子整理了行李只是离开了座位，其实并没有下车。

就在两个小时以前，他还死死地占着那个他所认为能为他带来快乐的三人座位。但是现在，我没有发现他脸上有任何快乐的神情。

或许，是因为有时候想把某样东西抱得太紧，到最后往往失去的就是这样东西，包括那个小伙子所认为的“快乐”。

十年以后你会怎样

崔鹤同 文

女孩 18 岁之前，是个不知道自己想要什么的人，每天就在艺校里跟着同学唱唱歌，跳跳舞。偶尔有导演来找她拍戏，她就会很兴奋地去拍，无论角色多么小。直到 1993 年的一天，教她专业课的赵老师突然找她谈话，她问："你能告诉我，你未来的打算吗？"女孩一下子愣住了。她不明白老师怎么突然问她如此严肃的问题，更不知该怎样回答。

老师又接着问她："现在的生活你满意吗？"她摇摇头。老师笑了："不满意的话证明你还有救。你现在想想，十年以后你会怎样？"

老师的话很轻，但是落在她心里却变得很沉重。她脑海里顿时开始风起云涌。沉默许久后她说："我希望十年以后自己能成为最好的女演员，同时可以发行一张属于自己的音乐专辑。"

老师问她："你确定了吗？"她慢慢咬紧嘴唇："是。"

而且拉了很长的音。

“好，既然你确定了，我们就把这个目标倒着算回来。十年以后你 28 岁，那时你是一个红透半边天的大明星，同时出了一张专辑。”“那么你 27 岁的时候，除了接拍各种名导演的戏以外，一定还要有一个完整的音乐作品，可以拿给很多很多的唱片公司听，对不对？”“25 岁的时候，在演艺事业上你要不断进行学习和思考。另外，你还要有很棒的音乐作品开始录制了。”“23 岁必须接受各种各样的培训和训练，包括音乐上和肢体上的。”“20 岁的时候开始作曲作词，并在演戏方面要接拍大一点的角色……”

老师的话说得很轻松，但是她却感到一种恐惧。这样算下来，她应该马上着手为自己的理想做准备了。可是她现在什么都不会，什么都没想过，仍然为小丫环小舞女之类的角色沾沾自喜。她觉得一种强大的压力忽然向自己袭来。老师平静地笑着说：“要知道，你是一棵好苗子，但是你对人生缺少规划。如果你确定了目标，希望你从现在就开始做。”

想想十年后的自己——当她意识到这是一个问题的时候，她发现自己整个人都觉醒了。从那时起，她就始终记得十年后自己要做最成功的明星。所以，毕业后，对角色她开始很认真地筛选。渐渐地，她被大家接受了，她慢慢地尝到了成功的欢乐。

2003 年 4 月，恰好是老师和女孩谈话的十周年，她不知道是偶然还是必然，她居然真的拥有了属于自己的第一张专辑——《夏天》。

这个女孩就是如今红遍全国、驰名海内外的影视歌三栖明星周迅。从 1991 年到 2008 年初的 17 年，周迅已拍摄各类题材的影视剧 37 部，成为 32 种知名品牌的形象代言人。她已获得过 45 个影视歌奖项，百花奖、金紫荆奖、金像奖、金马奖她都先后一一问鼎，她的歌曲也深受广大歌迷的喜爱。毫无疑问，所有这些成就的取得，正是周迅牢记老师的话，孜孜以求、奋争不止的结果。

人生能有几个十年？只有及时地拷问自己："十年后我会怎样？"及早规划，及早行动，并且矢志不移，百折不挠，你就会拥有多彩的人生。

是的，时刻想着十年以后的自己，想想十年以后会怎样，你就会离自己的理想和目标越来越近。

丢不掉的巨额财富

看上去，这幅油画实在不怎么“美观”，画布上只是些纵横交错的抽象线条，看不明白描绘的是什么，可以说是一幅杂乱无章的涂鸦之作。

丢不掉的巨额财富

高兴宇 文

1991 年的一天，美国加州圣博纳迪诺的退休司机特里·霍顿在大街上闲逛。一不小心，她走进了一家二手商品专卖店。店主礼貌性地请她在店中小坐，并顺便介绍休息椅旁边的一幅喷漆油画。

看上去，这幅油画实在不怎么“美观”，画布上只是有些纵横交错的抽象线条，看不明白描绘的是什么，可以说是一幅杂乱无章的涂鸦之作。

虽然该画“丑陋”，但店主仍不失时机地向霍顿介绍：“虽然油画难懂，但尺寸很大，光这漂亮的画框就能卖上几美元。如果你想要，我只售 7 美元。”

虽然霍顿是无意间来到这家二手店，但禁不住店主的热情推销，最后以 5 美元成交。霍顿找了辆卡车，把这幅画运走。她想把它送给她的朋友斯米·莉诺女士，因为她爱好美术作品。

不一会儿，卡车就开到莉诺的家门前。不料，莉诺的家门狭窄，油画进不了室内，霍顿只好把油画带回家。临离开莉诺前，莉诺还有其他几位朋友向霍顿说这幅画一点儿艺术价值也没有，还好，价格不高，仅仅是个画布加画框的钱，如果用它来做镖靶还是挺合适的。

说者无心，听者有意。霍顿感到莉诺等朋友嘲笑她没有眼光。回到家后，霍顿便把这幅“不值一提”的油画放到杂货仓库里，准备改天用作镖靶。

几天后，莉诺等爱好投镖的朋友来到霍顿家作客，霍顿购买的油画要“派上用场”了！不过，当时她们酒兴一起，都喝醉了，油画逃过了厄运。此后，这幅画被束之高阁，完全被人遗忘了。

15 年后，霍顿清理杂物，猛然发现了这幅画。霍顿嫌它占用仓库空间，便把这幅画搬出来，委托给一位朋友出售。令霍顿和代销者没想到的是，加州大学的一位美术教授碰巧看到了这幅画并对它产生了极大的研究兴趣。教授经过一番考证说，这幅画出自波洛克之手。

“波洛克是谁？”霍顿听说这一消息时，竟然反问。

波洛克是谁？在半个世纪前去世的美国画家波洛克是美术抽象表现主义的先驱，20 世纪最有影响力的艺术家之一。一幅以同样手法创作的名为《No.5，1948》的油画，刚刚售出了 1.4 亿美元的天价，成为人类历史上最为昂贵的画作。其独创的“滴漏式画法”一度风靡世界，成为美术新浪潮。细看波洛克的画，人们会发现里面蕴藏着一种“难以言表的吸引力”。

经过细致鉴定，这幅画确是波洛克真迹，因为画上留下的指纹跟波洛克画室油漆罐上的指纹相同。这幅画之所以会流落到这家二手商店，可能与波洛克的兄弟曾居住在这个地区有关。有人估价，这幅 5 美元购得的油画价值在 5000 万美元左右！

用 5000 万除以 5，那是 1000 万呀！在“1”的后面是整整 7 个“0”。

幸运女神好像异常偏爱霍顿，把巨额财富赠给她，并且让她扔都扔不掉。如今，霍顿与这幅名画之间的故事已被拍成纪录片，在纽约等地公映。

霍顿的独特经历让人们再次想到命运这个话题。其实，不只是霍顿，上天同样把许许多多的这样那样的好运气送给世人，只不过这些各类好运有些已经被发现，有些还像这幅名画一样曾被放在“杂货仓库”里！

就要原汁原味的你

周国勇 文

话说有个穷老太去市场上卖祖传的一把宜兴紫砂小茶壶。这茶壶有二百多年历史，即便不加茶叶水中也会有茶香。

有个商人愿意出一万元高价购买，但一时身上没带钱，就和老太婆约定第二天上门去她家交钱取货。

回家后，老太婆思来想去觉得茶壶太旧，不好意思要人家那么多钱。不如这样吧，帮他一个忙，这样自己心里可能好受些。老太婆于是用水和沙子反复搓洗茶壶，直到把茶壶上的黄色茶垢全部都洗没了才长吁一口气。

第二天，商人如约而至，看了那个没有了茶垢的茶壶后眉头紧锁，说，现在我不想买这个茶壶了，就算是100元也不值了。

我有个朋友，在一家私营企业打工。朋友是个直爽敢言的人，经常就公司的一些大小事情发表自己的看法，有些看法还比较尖锐。没想到世上没有不透风的墙，有些小人把它传到了经理那里。好多人都为朋友担心，说，他得罪了经理，估计往

后没好果子吃的。

这天，经理约我的朋友见面。朋友想：该不会是对我下手了吧？怕什么！大不了走人。此处不留爷，自有留爷处。

没料到经理的话让朋友受宠若惊，经理说，他打算提拔朋友做决策部经理，但是要考验一个月，一个月后如果没什么意外就正式对员工宣布。经理当然没说看中朋友身上的哪些闪光点。

考验期内朋友变了，变得不再敢对公司的事情说三道四了。偶尔所说的话也是马屁话，说什么经理决策英明等等之类的话。因为朋友想，经理对我这么好，我还能做那种四处拆台的事情吗？

考验期结束了，经理再次找到朋友，不无遗憾地对他说：对不起，我不能聘你做我的决策部经理了。因为我需要的是一个敢说敢做有自己主见的人，而不是一个唯唯诺诺只懂得讨上级欢心的废物。

朋友刻意的这么一改变，竟然弄巧成拙，失掉了近在咫尺的晋升机会。

弱者的生存智慧

陆勇强　文

蜥蜴太弱小了，几乎所有比它大的动物都是它的天敌。但它却在地球上生活了上万年。蜥蜴的生存之道无非是两个字：适应。它可以随环境变化不断地变换自己的肤色，在黄土地上，它的颜色是黄褐色的；在草丛中，它的颜色则是绿色的……能够变色的蜥蜴常常让它逃过一次又一次的生命劫难。

在经济学上，有一种“蜥蜴哲学”。这是一位经济学教授给我们上课时说的。他说，在多变的经济环境中，为什么小企业的营利点要比大企业高？原因就在于小企业更具有适应性，它可以随时调整自己的产业结构。教授称之为小企业的蜥蜴化生存之道。

如果把经济学上的道理推及生活，我们仍然能够从中体味出人生有时候也需要掌握一点蜥蜴的生存哲学。

往往是这样，一个强者总是千方百计维护自己强者的形象，而不甘以弱者的姿态出现。有位企业主，他的工厂一直是市里

的明星企业。五年前快到年末的时候，企业主却自杀了。这是一个令人猝不及防的消息，而调查结果更出乎意料之外。企业每到年末都要给职工发放奖金，在全市的企业中，他的工厂发给职工的奖金每年都是最高的。但那一年，因为财务管理上出现了问题，工厂拿不出一分钱的奖金。在强大的心理压力下，他愚蠢地选择了自杀。

强者的悲哀也许就在这里，他无法像蜥蜴那样更换自己的皮肤。其实，这有什么呢，退一步，妥协一下，毕竟来日方长。

这个世界的生存法则是物竞天择，适者生存，而非强者生存。恐龙高大吗，但它却在地球上奇迹般地绝迹了。相对于强者来说，弱者有更多的选择和妥协，因为懂得适应，他们就有更多的生存机会。

美国通用公司总裁杰克·韦尔奇说：这个世界是属于弱者的，因为弱者最懂得适应。也许真是如此。

蚂蚁的生存哲学

吕麦 文

有一次，一个科学工作者在路边看见一只蚂蚁“扛”着一块“巨大”的蛋糕，艰难地越过“千沟万壑”，送往洞穴里储藏。

这一惊人的场面引起了他的兴趣。他把蚂蚁和蛋糕分别称了一下。想不到，蛋糕的重量竟是蚂蚁体重的五十多倍。蚂蚁终日不停地搬运着超过自身体积和重量很多倍的食物，无论是凹凸不平的道路，还是荆棘丛生的草地，它都毫不畏惧、奋勇向前。而比蚂蚁大许多倍的庞然大物——体重七百多千克的强壮马匹，即使在良好的路面上，顶多也只能拖运 3000 千克的货物，仅相当于其体重的 5 倍左右。至于体重约 3 吨的大象、六七百千克的狗熊，它们所能拖运的物体重量甚至还不到其身体重量的 5 倍。相比之下，小小的蚂蚁可以说是当之无愧的大力士。蚂蚁为何有如此顽强的意志和惊人的力量呢？

科学工作者经过大量的试验、研究，发现蚂蚁有着令人惊讶、叹服的生存哲学：蚂蚁们夏天就为冬天作打算。即使在盛

夏，蚂蚁也积极地为自己储备冬天的食物。它们整个夏天竭尽全力储备尽可能多的食物，为“合家数口”在未来日子里能够安然度过严冬。蚂蚁有超强的进取精神，在它们寻找、搬运食物的途中，如果遇到“障碍”或是有人设法阻止它们，它们也从不放弃。或往上爬，或往下钻，或者绕行，直到寻找到另一条安全路径，把食物运抵目的地。而在冬天，它们又会提醒自己“冬天不会持续太久，我们很快就能到外面去了。”因此，蚂蚁从不一味地等待，总是在气候变暖的第一天就出外活动。

蚂蚁是最为勤劳的生物之一，它整天东奔西跑，忙忙碌碌，从不疲倦。它的勤劳是自觉的，主动的。本性使然，只要它还活着，它就会愉快地劳作，劳作就是它的生存方式。这就是蚂蚁的生存哲学！

这个世上的所有生物，活着不仅仅为了活着而已，每个生命的背后或许都有使命存在。这些使命也许各不相同，但从终极意义上来说，应该是一致的——是为了自己和后代在更好的环境中幸福地生活。

在现实生活中，有太多的人忘记自己需要奋斗进取，变得懒惰、无聊和平庸；有太多的人忘记自己应着眼未来、全力以赴，变得畏难、胆怯、狭隘和固执；有太多的人忘记自己承担的使命，变得苍白、迷茫和失落。我们是否应该学习蚂蚁的生存哲学，并重新思考自己的生活方式呢？

死于自己胃口的牛鲨

小丑 文

牛鲨因其壮硕如牛的外形而得名，学名为白真鲨。牛鲨在大约4亿年前就已经游弋在大海之中，比现在还生存着的其他鲨鱼早1亿年，是鲨鱼家族中最凶猛、最令人闻风丧胆的鲨鱼之一。

牛鲨与大白鲨、虎鲨同列为最具攻击性、最凶猛、最常袭击人类的鲨鱼。常被人冠以“神秘的海洋杀手”、“沉船屠夫”等称号。

在大西洋，从美国的马萨诸塞州至巴西南部，从摩洛哥至安哥拉，都可以见到牛鲨的踪影。估计有多于500头的牛鲨在澳洲的布里斯本河，更多牛鲨分布在黄金海岸。雄性牛鲨可长达2.1米、重90千克，雌性牛鲨长达3.5米、重达230千克。

最令人恐怖的是牛鲨的大嘴，这张嘴大得不成比例，呈裂弧形，密布着锋利的牙齿。牛鲨独自出没猎食，无论猎物多大

它都无所畏惧。

牛鲨捕食时嗅得准、咬得快、吃得多，从不挑食，它主要以包括其他鲨鱼甚至大白鲨在内的鱼类为食，也吃海豚、海龟、海鸟等动物。牛鲨还常常在河流的入海口逆流而上，去捕食河马、犀牛、鳄鱼等水生动物。

牛鲨具有一个很多鲨鱼都没有的能力，它是唯一一种生活在咸水和淡水两种环境中的鲨鱼。

牛鲨的视力不好，但嗅觉异常灵敏，可以嗅出稀释在10万升水里的一滴血的味道，并能凭此在海里跟踪数千米找到血源；也可凭借海水的震动和声音，追踪位于一千米范围内的猎物。

多数鲨鱼需要适量休息，而牛鲨似乎可以不分昼夜游来荡去。牛鲨没有鱼鳔，它可以浮上水面使胃部充气，以此保持浮力。

牛鲨还有一种奇特的本领，那就是食物可以在它肚子里存放十多天甚至半个月，它的胃就好像一个冷藏库。当它吃饱时，多余的食物便送到“冷库”里贮存起来，过十天或半个月，有时甚至一个月也不会变坏。当它感到饥饿而又捕猎不到新的食物时，就把“冷库”里的食物取出来充饥。

一般说来，牛鲨吃饱一次可以管十多天，可是，贪吃的牛鲨等不了那么久，每隔两三天它就要“饱餐”一顿。

像牛鲨这样凶猛的动物，几乎没有天敌。可是，却有人在澳洲的布里斯本河边发现了死去的牛鲨。因为没有哪种动物敢捕杀牛鲨，除非是缺少食物而使牛鲨因饥饿而死。

科学家经研究发现，牛鲨并不是饿死的，而是被撑死的。因为人们从牛鲨的肚子里发现了这些东西：一个牛头、一只牛前腿、一个脖颈上还拴着皮带的狗头、犬腿、马肉、煤炭、罐头瓶、烂布及船上的刮板，还有塑料袋、破渔网、尼龙雨衣、皮衣、皮鞋以及汽车牌照等。

由于贪吃，对于一些不能吃的东西，牛鲨也是照吞不误，没有天敌的牛鲨最终死于自己巨大的“胃口”。

闪电中的海峡

陈亦权　文

1520 年，葡萄牙航海家麦哲伦带着他的船队，从圣胡安港出发沿着大西洋海岸往南航行，寻找一条能够通往太平洋的海峡。

半个月后，他们来到了一个南纬 52° 的地方。那天晚上，天空掀起了一场大风暴，狂风呼啸，巨浪滔天。船队随时都会有撞上悬崖峭壁或者被巨浪打沉的危险。所有的船只都无法控制方向，他们只能随着风浪漫无目的地前进。说来也巧，正在风雨交加之际，天上的一道雷电让麦哲伦隐隐看到远处似乎有一个海湾。麦哲伦很想去看看那究竟是什么海湾，然而在这滔天巨浪中，他根本无法如愿，只能胡乱地随风浪漂流。

这场大风暴一直持续了三天，麦哲伦的船队非常幸运地坚持了下来。天气恢复平静以后，麦哲伦想起了那个曾在闪电中看见的海湾，于是提出要返回去看个究竟。

这让他的船员们大为不解，那简直是在九死一生中过来的一段路，何必还要回去呢？更何况他们在大风暴中漂出几千英里远了！

但这没有使麦哲伦改变主意，当他们回到那个海湾以后，所有人都惊呆了——这里是一个海峡的入口！

麦哲伦带着船队进入海峡后，经过二十多天艰苦迂回的航行，终于到达了海峡的西口，他们进入了太平洋！一条连接着大西洋和太平洋的峡道让他找到了。没错，这就是如今的麦哲伦海峡。

假如麦哲伦认为那个只是在闪电中依稀出现了一瞬间的海湾不算什么。别说他不能那么快的找到通往太平洋的海峡，甚至有可能一辈子也找不到那条海峡。

在生活中，你是不是也时常会有一些雷电般快速闪过的灵感或顿悟？对，那就是我们在脑海中快速闪过的海湾。那么，你是否尝试过把它重新找回来？

那个快速闪过的灵感或顿悟，说不定就是我们人生中的另一条麦哲伦海峡！

听见音乐，请放轻脚步

薛峰 文

上初中一年级时，我们开的音乐课程是一位刚大学毕业的女老师教的。她人长得十分漂亮，眼睛大大的，有两排如玉石般洁白明亮的小米粒牙，笑起来特别迷人。而她所教的关于音乐的知识，让我至今不能忘怀。

那时，我们的音乐教室是固定的一间房子，全校的学生逢到上这节课，都要到那个教室里去。清楚地记得第一节课，大家对音乐很神往，都熙熙攘攘地往里面挤，嘻嘻哈哈地闹个不停。这让正坐在讲台上弹奏钢琴的老师立即停了下来，她因生气而涨红了脸："都出去！"她叫的声音非常大，很发怒的样子，把我们都震住了。

那一节课，我们果然都是站在教室外面上的，屋里只有她一个人。舒缓的音乐从窗口传来，大家谁也不说话。"音乐是最神圣最纯洁的东西，不准有任何打扰。"这是我们第一节课所获得的知识。以后每逢上音乐课，我们都排着队有秩序地进入，整整齐齐，安静地坐在那里，再也不敢大声喧哗和吵闹了。

那时是夏天，中午要睡午觉，音乐课在下午第一节，所以常常有学生因睡过了头而迟到。有一次，一个男同学在上课十分钟后才匆匆忙忙地赶来，跑步声极响，到达门口时，又十分用力地“嘭嘭”敲门。那一刻，我们注意到老师特别恼火的表情。她没有让那个同学进入。

“你迟到了老师不责怪你，可你不该如此鲁莽。”她说，“无论你有多么重大的事情，无论你心里有多烦乱，但当你听见音乐的时候，你至少要放轻脚步。这是上音乐课我教给你们的对待音乐最基本的态度。”

在那一学期，她教会了我们许多优秀歌曲，像《莫斯科郊外的晚上》、《雪绒花》、《喀秋莎》等，直到现在我仍会吟唱。

然而，留给我的并非仅是这几首歌曲，“听见音乐，请放轻脚步”，就这一句简单的话，却影响了我的一生。世事喧嚣，浮华寂寞。每当看见翠绿欲滴的草坪，我绝不会抬脚踏上；每当看见娇艳芬芳的花朵，我绝不会伸手摘取；每当看见纯真开心的笑脸，我绝不会冷淡造次地打扰。

就像在以后的日子里，走在坎坷的路途上，每当听见音乐时，我都会平静下来，停止手中的活，用心聆听，让心情舒缓，让灵魂飞翔。因为我知道，这是对音乐最起码的尊重和热爱，这是对美丽的归依和信赖！

坚 持

孙君飞 文

被誉为“世界第四男高音”的戴玉强，成名之前在寂寞的道路上苦苦跋涉了几十年。

他既非出身音乐世家，也未曾受过良好的音乐教育，但他义无反顾地走上了追寻音乐的道路。其间，他做过农民、建筑工人，蹬过板车、贩卖过建筑材料、走过穴等，可以说尝遍了底层生活的酸甜苦辣。

刚学唱歌剧时，是在炎热的夏天，戴玉强家里没有安装空调，他就泡上一大杯浓茶，赤裸着肩膀，摆好一盒火柴。唱完一遍就抽出一根火柴，直到把火柴盒抽空，练习方告一段落。

虽然戴玉强在音乐上取得了很大的进步，歌唱风格日渐成熟，但仍然默默无闻，成功一次又一次地远离他，显露出无情的一面。最悲惨的几次，戴玉强一天只能吃到半个烧饼，如能再卷上一根腌黄瓜，那则是无上的美味。没钱租房，他就睡在楼梯间充气的气垫床上。有一年春节他回家过年，车票需要

13.2 元，可是他翻遍所有的口袋，也只找到 13.19 元。于是他只好在北京站广场的地上到处寻找，终于在一个角落里捡到被别人踩得脏兮兮的一分钱，这才买了车票回家团圆。像这样艰难困苦的日子，连戴玉强自己也数不清，其中吃过的苦头也绝非三言两语所能描述。

有人说："你想害谁吗？那就让他学音乐。你想把谁置于死地吗？那就让他学美声。"歌剧艺术的阳春白雪、曲高和寡，戴玉强一年又一年地演唱下来，却并没有像自己期望的那样大红大紫。

2001 年，紫禁城"三高"音乐会时，"高音 C 之王"帕瓦罗蒂经纪公司的人听了戴玉强演唱的歌剧，感动得热泪盈眶，回去后立刻将他推荐给帕瓦罗蒂。尔后，戴玉强在意大利接受了帕瓦罗蒂的首次当面授课。2004 年年底，在帕瓦罗蒂第一次执导的歌剧《波希米亚人》里，戴玉强被安排为男主角，进一步接受了帕瓦罗蒂的言传身教。自身的不懈奋斗，再加上与帕瓦罗蒂的这段缘分，终于使戴玉强"守得云开见月明"，他在歌剧演唱的道路上迎来了真正的春天。西方歌剧专家给他的嗓音下了"24K 金"的定义，甚至有人称他为"世界第四男高音"。

曾经有记者问戴玉强："如果音乐梦想真如一场豪赌，显然你是最后的赢家。在这场博弈中，你取胜的关键是什么？"戴玉强只回答了两个字"坚持"。他接着又补充道："当然，我不否认很多人即使坚持到最后依然失败。相信这个观点会激励很多人，也会误导很多人，但大趋势是挡不住的。"

也就是说，坚持不一定成功，但不坚持却一定会失败。

爱好帮你创富

谈笑生 文

克里斯曼经营一家小型化工公司，生产带有芳香气味的强力清洁剂。为了排遣工作压力，他养成了打保龄球的爱好。渐渐地，他产生了做保龄球生意的想法。

做市场调查时，他发现平常使用的保龄球散发出一股怪味，让人很不舒服。然而，正是这些不够完美的保龄球，让他灵机一动，想出了金点子：如果给球增加一些香味，可能会深受欢迎。

后来，他成立了“暴风雨保龄球公司”，全力推出一种葡萄香型的芳香保龄球。一经上市，很快引发轰动，销量扶摇直上。之后，他顺势推出鹿蹄草、李子、朗姆酒、蔓越橘等各种香型的用球。虽然售价不菲，每个高达二百多美元，但并不影响香球的畅销。克里斯曼凭借自己的爱好，终于成为千万富翁。

如果没有打保龄球的爱好，克里斯曼能够取得今日炫目的成功吗？

爱克尔先生有一个爱好，那就是散步。一天，他正在纽约街头悠闲自得地散步，无意中看到一家小商店的门口排起了长龙。爱克尔走近前，发现人们是在购买腌肉。再仔细一瞧，才发现其与众不同的地方。原来该店为了方便顾客，就将腌肉切成薄片，装在两磅装的纸盒里销售，这就是吸引人的奥妙所在。巧得很，爱克尔也在做腌肉生意。他深受启发，得到金点子：“如果把两磅装的腌肉改成一磅装的，是否更加方便呢？”

爱克尔说干就干，让工人将腌肉片切得更均匀，更加薄些，再以一磅装迅速投入市场，同时配上精美的“山毛榉食品公司”的商标。果然如他所愿，一磅装的销售十分红火。山毛榉公司很快声名鹊起，继而成为世界级的食品巨头。

肉店的做法是“比较方便”，爱克尔多想了一点点，就是“更加方便”。

如果没有散步的爱好，爱克尔会成为后来不可一世的食品大亨吗？

二减一大于二

朱晖 文

1840 年，世界上最早的邮票“黑便士”在英国诞生。由于组织工作的疏忽，有些邮票提前发售了。提前发售的邮票数量不多，流传后世的更加稀少，据说全世界只发现了两枚，被收藏界视为珍宝。

斗转星移，一百多年过去了。这两枚“黑便士”终于重出江湖，美国的一家拍卖行宣布要公开拍卖它们。一个酒店小伙计找到他的老板说：“我没有去竞拍的资格，如果您能让我以您的名义前去，我保证为您带回 100 万美元的利润。”

拍卖大厅内人头攒动，拍卖师大声宣布：“底价 10 万，现在开始竞拍。”话音刚落，竞价声此起彼伏，邮票价格一路攀升，一直升到 50 万。这时，角落里传来了一个低沉却摄人心魄的声音：“200 万！”喧嚣的大厅顿时寂静下来，大家纷纷把目光投向这个神秘人物。没错，他就是那个酒店小伙计。接着，拍卖师连叫三声“200 万”，然后一锤定音。在众人的惊叹声中，小伙计拿过这两枚邮票，然后做了一件令人目瞪口呆的事——他掏出打火机，毫不犹豫地烧掉了其中一枚。顷刻间，全场一片哗然。小伙计面露微笑，大步走上前台，扬起手中剩下的那枚邮票，高声喊道："在座的各位都是见证人。从今天开始，全世界的'黑便士'只有这一枚了。所以我宣布，它的价格为 400 万美元，欲购从速！"

没多久，这枚"黑便士"便以 500 万美元的价格被一名富商买走。当小伙计拿着 100 万美元的支票递给老板时，老板怎么都不敢相信自己的眼睛，问他到底是怎么做到的。小伙计笑道："人们总是说一加一大于二是一种智慧，但他们却不知道，二减一大于二是一种更高的智慧。"

农夫与哲学家

沈岳明 文

一个农夫去一个哲学家家里做客。

农夫不解地问哲学家："您每天不是读书，就是伏案写作，难道不觉得辛苦吗？"哲学家说："因为我有事业心，所以不觉得辛苦。"

农夫又问："什么是事业心？"哲学家想了想，说："我们不如来做个试验吧。请将你的左手握成拳状，往前伸直，然后将右手也握成拳状，高高举起。接着迈步向前，每走两步后，将左手往两边摆动一下，然后再走两步，将举起的右手放下，又举起。就这样，一直重复着这些动作，并且转圈。"

农夫照做了。大约过了半个小时，农夫受不了了。哲学家问："感觉怎么样？"农夫说："受不了，太辛苦了！"

哲学家笑着问："请问，你会耕田吗？"农夫说："笑话，我是一个农夫，我要是连田都不会耕，那还叫农夫吗？"

哲学家说："你能将你平时耕田时的动作，在这里示范一下吗？”农夫毫不犹豫地做起了耕田时的动作……农夫惊奇地发现，他做的动作，与哲学家半个小时前让他做的动作一样。

哲学家笑了，问：“你耕田的时候，觉得辛苦吗？”农夫说：“不但不觉得辛苦，还觉得很愉快。”

哲学家又问：“都是相同的动作，一个觉得辛苦，另一个却不觉得辛苦，那是因为什么？”

农夫答：“因为在耕田时，我心里想着丰收，所以不觉得辛苦。”哲学家拍手道：“这就是事业心。因为你心里有了追求，所以长年累月做相同的事情也不觉得辛苦！”